KB082126

떠나는 도시 모이는 도시

떠나는 도시 모이는 도시

왜 세계도시는 위기에 빠지는가

이동학 지음

odos

이동학의
지구 유랑

아이슬란드

노르웨이 스웨덴 핀란드
네덜란드
덴마크 에스토니아
리트비아
리투아니아

러시아

아일랜드 영국 독일 오스트리아
벨기에 체코 헝가리 우크라이나
룩셈부르크 프랑스 스위스 크로아티아 몰도바
슬로베니아 세르비아
스페인 바티칸 불가리아
산마리노
이탈리아 튀르키예

카자흐스탄 몽골

우즈베키스탄 키르기스스탄

중국 동해 한국 일본

이집트 아랍 에미리트 대만
홍콩
베트남 필리핀

우간다 케냐
르완다 탄자니아 싱가포르

인도양

남아프리카 공화국

호주

61개국 157개 도시

1. **일본**: 도쿄, 히미, 요코하마,
   구즈마키, 오사카
2. **중국**: 하얼빈, 장춘, 심양,
   대경, 대련, 영구, 남경, 상해,
   항주, 귀주, 심천, 쿤밍, 난닝,
   북경, 텐진, 지난, 취푸
3. **홍콩**
4. **대만**: 타이베이, 루이팡
5. **필리핀**: 올롱가포, 수비크,
   마닐라, 바기오
6. **아랍에미리트**: 두바이,
   샤르자, 아부다비
7. **튀르키예**: 이스탄불
8. **스페인**: 바르셀로나,
   마드리드, 산탄데르
9. **프랑스**: 파리

10. **영국**: 런던, 글래스고,
    에든버러
11. **아일랜드**: 코크, 더블린,
    킬라니
12. **아이슬란드**: 레이캬비크,
    케플라비크
13. **네덜란드**: 암스테르담,
    로테르담, 덴하흐
14. **독일**: 베를린, 프랑크푸르트,
    본, 도르트문트, 콧부스,
    드레스덴
15. **체코**: 프라하
16. **오스트리아**: 빈, 잘츠부르크,
    할슈타트, 인스브루크
17. **스위스**: 취리히, 베른
18. **이탈리아**: 밀라노, 볼로냐,

피렌체, 피사, 시에나, 로마,
폼페이, 쏘렌토, 베네치아
19. **바티칸**
20. **산마리노**
21. **크로아티아**: 자그레브
22. **슬로베니아**: 류블랴나
23. **헝가리**: 부다페스트
24. **세르비아**: 베오그라드
25. **불가리아**: 소피아
26. **루마니아**: 부쿠레슈티
27. **몰도바**: 키시너우
28. **우크라이나**: 키예프, 리비우
29. **러시아**: 모스크바, 카잔,
    옴스크, 이르쿠츠크, 바이칼호
30. **카자흐스탄**: 알마티, 심켄트,
    사라가치

미국

캐나다

미국

멕시코

대 서 양

대 평 양

콜롬비아

페루

브라질

칠레

우루과이

아르헨티나

31. **키르기스스탄**: 비슈케크
32. **우즈베키스탄**: 타슈켄트, 사마르칸트
33. **이집트**: 카이로
34. **탄자니아**: 다르에스살람, 아루샤, 잔지바르
35. **케냐**: 나이로비, 나이바샤
36. **우간다**: 캄팔라
37. **르완다**: 키갈리
38. **남아프리카 공화국**: 요하네스버그, 프리토리아, 케이프타운
39. **브라질**: 상파울루, 리우데자네이루, 포스두이구아수, 쿠리치바, 포르투알레그레
40. **우루과이**: 몬테비데오

41. **아르헨티나**: 부에노스아이레스
42. **칠레**: 산티아고, 칼라마, 아리카, 타크나
43. **페루**: 아레키파, 리마
44. **콜롬비아**: 보고타
45. **멕시코**: 멕시코시티, 테오티우아칸, 쿠에르나바카
46. **미국**: LA, 산호세, 샌프란시스코, 시애틀, 보스턴, 뉴욕, 워싱턴, 미니애폴리스, 뉴헤이븐, 하와이
47. **캐나다**: 밴쿠버, 토론토, 오타와, 몬트리올
48. **벨기에**: 브뤼셀
49. **룩셈부르크**: 룩셈부르크

50. **덴마크**: 코펜하겐
51. **노르웨이**: 오슬로
52. **스웨덴**: 스톡홀름, 말뫼
53. **핀란드**: 헬싱키, 로바니에미, 탐페레
54. **에스토니아**: 탈린
55. **라트비아**: 리가
56. **리투아니아**: 빌뉴스
57. **몽골**: 울란바토르
58. **베트남**: 사빠, 하노이, 호찌민
59. **싱가포르**: 싱가포르
60. **호주**: 시드니, 브리즈번
61. **한국**: 서울, 인천, 세종, 부산

목차

•
•

누구를 위한 도시인가

:

지방은 축소되고, 도시는 팽창한다. 다시 말해 매력도가 높은 도시로 사람이 몰리면서 상대적으로 매력도가 낮은 지역은 쇠퇴한다. UN 보고서에 따르면 현존하는 인류의 54%가 도시에 거주하고 있다. 이 수치는 지속적으로 상승해왔고, 앞으로도 그럴 것으로 예상되는데, 2050년엔 75% 이상의 인류가 도시에 살게 될 것으로 예측되고 있다. 이러한 통계와 예측이 의미 있는 이유는 과거와 현재, 미래를 잇는 흐름을 볼 수 있고, 이 흐름에 따라 파생되는 문제들에 대처할 수 있기 때문이다.

사람이 줄어드는 지역은 자연스럽게 기존의 인프라와 공공서비스, 지역 전통문화 등이 위기를 맞을 수밖에 없다. 지역의 경제도 원활히 돌아가지 않아 지방정부를 포함한 국가는 재원 부족 문제에 직면하게 될 것이며, 이것은 신규 투자의 유인과 기존 복지 체계의 유지·존속을 어렵게 만든다. 결국 지속가능성이 깨지면서 그 지역을 탈출하는 사람의 속도는 가속화된다. 지금의 경제체계를 유지하기 위해서 인구를 유지하거나 늘리려는 지방도시 간의 경쟁이 시작됐지만 쉽지만은 않아 보이는 이유다.

반면 그렇게 탈출한 이들은 더 좋은 교육과 소득을 올리기 위해, 일거리가 있는 등의 여러 가지 이유로 사람들이 모여있는 도시로 향한다. 예부터 사람이 모이는 도시는 번성했고, 창조와 융합이 일어났으며, 새로운 문화와 문명을 꽃피웠다. 그런 동경의 대상이었던 도시는 오늘날도 다르지 않지만 그 이면에서는 행복이라는 가치와는 다른 방향으로 달려가고 있기도 하다. 그것은 몰려드는 사람들을 마냥 수용할 수만은 없는 도시의 한계와 관련이 있다.

사람이 많아지면 자연스럽게 도시는 팽창한다. 집도 더 짓게 되고, 도로도 부족해, 흙을 파내 지하에도 도로와 철로를 개설한다. 일거리와 산업이 성장하지만, 무한경쟁으로 인해 인권이 사각지대에 놓이는 경우도 늘게 된다. 자원의 유한성으로 공급의 한계가 분명하고, 사용하고 난 뒤의 폐기 문제는 지속가능한 환경을 유지해야 하는 인류의 오늘과 내일의 위협으로 작용한다. 동시에 시민 개개인의 생각과 욕망이 부닥치면서 첨예한 갈등이 수없이 형성된다.

세계의 많은 도시는 흥망성쇠라고 하는 리듬을 타며 번성과 쇠퇴를 거듭해왔고, 지금은 어느 지점에 와있는지를 끊임없이 묻는다. 저마다 흥과 성을 유지 또는 이루기 위해 뛰고 있지만, 어쩐지 이것은 허상 같기도 하다. 도시의 인구는 전반적으로 고령화되는 경향을 벗어나지 못하고 있는 동시에, 저출산이라는 큰 벽에 직면해 있기 때문이다. 젊은 남녀가 결혼을 통해 결합하여, 새로운 인류를 탄생시키는 일조차 버거운 일이 된 것인데, 많은 도시가 겪는 문제도 크게 다르지 않다.

최근에는 IT 기술의 발달로 4차 산업혁명이라는 고도의 혁신 체계를 구축해 위와 같은 문제를 해결하려는 도시들의 도전이 이어지고 있다. 인터넷이 모든 사물에 연결되고, 일정 영역은 로봇이 인간을 대체해 생산성의 향상을 도모한다. 에너지는 대체가능한 방향을 모색 중이고, 버려졌던 폐기물도 재활용을 모색한다. 지속가능한 도시로의 도전은 스마트시티라는 이름으로 세계적인 도시들의 야심에 찬 경쟁의 서막이 올랐다.

이 거대한 흐름 속에, 우리 삶의 터전인 도시를 어떻게 바라보아야 하는가. 도시의 미래는 어떻게 될 것인가. 또한 그 도시 안에서 사람들이 살아가는 방식과 미래에 나타나게 될 문제에 대한 대처, 그리고 도시 스스로 미래를 만들겠다고 하는 포부 등을 직접 둘러봤다. 도시문제를 해결하기 위한 답을 내놓기 위해서는 아니었다. 오히려 이 책은 "세계도시 현재사"에 가까울 만큼 도시들이 직면해 있는 문제들의 속을 비춘다. 그리고 멀리 떨어져 서로 다른 역사 속을 걸어왔지만, 닮은 모습들과 다른 모습들을 찾아낸다. 삶에 답이 없는 것처럼 도시 역시 정답이란 없다.

그러나 허무한 결론을 내리기는 싫었다. 다시 희망을 찾고, 인류의 공존과 공영, 행복이라고 하는 삶의 가치에 조금 더 가까이 다가갈 방법은 없는가를 끊임없이 물었다. 현장을 찾아다니면서 내가 모르는 것이 정말 많다는 것을 느꼈다. 부족한 문장력이 덤으로 얹어져, 내가 만난 도시의 모습을 제대로 소개하지 못할까 봐 걱정도 된다. 더 좋은 도시, 더 좋은 삶에 대한 고민을 함께 시작하는 계기가 된다면 좋겠다.

이 책을 30년 뒤에 태어나 이 땅에서 살아갈 미래세대에게 바친다.

지구촌장 이동학

1

텅빈도시

사라진 학교, 사라지는 마을

중국 랴오닝성 조선족 마을 우의촌

"출근했더니 학생들이 모두 사라졌어요."

황당한 일이 일어났다. 중국 랴오닝성의 선양시로부터 차로 한 시간 거리의 철령현. 그 안에 우의촌이라는 조선족 마을의 소학교에서 벌어진 일이다. 한때 최대 645명의 학생이 다녔던 학교다. 하지만 2015년 전교생 5명 중 2명은 한국으로 가고, 나머지 3명은 중국 내 큰 도시의 학교로 옮긴 뒤 폐교 운명을 맞았다. 교장 선생님을 포함한 교사 4명은 더 이상 함께 공부할 학생들이 없어진 것이다.

1924년 당시 조선인들의 대거 이동이 이뤄지던 때, 300여 가구

중국 랴오닝성 조선족 마을 우의촌에서 추석을 맞아 열린 축제에서 주민들이
한국의 전통 부채춤을 추고 있다.

가 이곳에 터를 잡았고, 농업에 종사했다. 이곳에도 일본 제국주
의 시대의 그늘은 드리워졌으나 아이들을 위해 학교를 세우고 교
육에 힘썼다. 김정연(1971년생) 씨가 다녔던 이 학교엔 그의 아버
지도 다녔다. 그의 할머니는 학교를 짓는 과정에서 직접 돌을 날
라 벽을 쌓은 사람 중 하나다. 그렇게 해서 조선말로 수업하는 학
교가 문을 열었다. 그러나 90년이 지난 학교에 더 이상 아이들의
웃음소리는 들리지 않는다.

　무슨 일이 있었던 것일까?

　가장 중요한 이유는 한국과 중국의 수교 이후 경제적 이유로
마을을 떠난 사람이 늘어났기 때문이다. 김 씨와 같이 1983년에
소학교를 졸업한 110명 중 108명이 한국행을 택했다. '코리안 드
림'을 꿈꾸며 한국으로 떠난 조선족들은 중국에서 벌 수 있는 돈

의 20~30배를 벌어 가난을 벗어났다. 이들은 한국에서 돈을 벌고 중국으로 다시 돌아갔지만, 대부분 우의촌 대신 번화한 큰 도시에 새로운 터전을 잡았다.

김 할아버지가 93세에 고향을 떠난 까닭은

한국과 수교 이전인 1990년대 초까지 중국 내 조선족의 80%가 농촌에 살았지만, 2008년엔 조선족의 80%가 도시에 머물렀다. 결국 우의촌은 더 이상 마을의 기능을 유지하기 어렵게 됐다. 우의촌 출신의 최고령 김성도 할아버지는 1921년에 태어났다. 그런 김 할아버지도 2014년 보살핌 속에서 안정적으로 의료 서비스를 받기 위해 자녀들이 살고 있는 대도시 심양으로 떠났다.

우의촌은 1980년대 후반 670여 가구에 2,400여 명의 주민들이 살며 전성기를 거쳤다. 현재 우의촌에 등록된 인구는 1,936명과 725가구인데, 가구 수는 이혼, 자녀들의 분가 때문에 늘었지만, 실제 마을 인구는 70명이 채 안 된다.

그조차도 대부분 노약자다. 청년층과 중년층 10여 명이 남아 있지만, 이들은 공무원들이다. 있고 싶어서라기보다 있어야 하는 이들이다. 한 가지 눈에 띄는 것은 등록 인구와 가구 수가 실제보다 꽤 많다는 점이다. 그 까닭은 중국의 독특한 호적제도 때문이다.

중국 랴오닝성의 조선족 마을 우의촌에서 만난 김성도 할아버지. 2017
년 마을에서 만났을 때는 정정하셨지만, 2019년 98세로 고향이 아닌
대도시에서 돌아가셨다.

호적만 있으면 토지 소유권을 유지할 수 있어 호적을 그대로 유지
한 채 도시로 이주한 경우가 많다.

우리에게 연변으로 상징되는 동북 삼성(랴오닝성, 지린성, 헤이룽
장성)에 한 때 200만 명이 넘는 중국 동포가 살았지만, 지금은 그
수가 100만 명 아래로 내려갔다. 정부 차원의 산아제한 정책이 한
족 1인으로 제한된 데 비해 소수민족들은 2명의 자녀를 둘 수 있
었음에도 이미 오랫동안 1명만 낳는 상황이 이어져 왔다. 거기에
대다수는 한국으로, 나머지는 북경, 상하이, 항주 등 중국 내 대도
시로 향했다. 연변을 중심으로 한글 수필과 칼럼이 실리는 잡지를
만들던 출판사 역시 독자들이 줄어들어 하나둘씩 문을 닫았다.

항저우 외국어사범대에서 한국어를 가르치는 김재국 교수는 한때 연변에서 잡지사 편집인으로 활약했지만, 더 이상 역할을 할 수 없다고 아쉬워했다. "중국 곳곳으로 동포들이 흩어지고 있어요. 자녀 교육과 먹고사는 문제가 연변을 떠나지 않으면 안 되게 했습니다." 자신이 어린 시절 살았던 연변의 한 마을은 조선족 40가구가 살았지만, 지금은 그중 38가구가 한족으로 바뀌었다고 했다.

마을의 전통을 지키기 위해 안간힘을 쓰지만

우의촌은 학교가 없어지자 식당, 슈퍼마켓 등도 사라졌다. 특히 의료 서비스의 사각지대가 되면서 어르신들도 계속 살기 어려운 상황이 됐다. 아프면 도시 병원으로 가야 하는 불편을 감수해야 한다. 그러나 감당할 체력이 부족해 노인들이 이곳을 떠나지 않을 도리가 없다.

2017년 민족의 대명절 추석에는 우의촌 사람들과 이곳을 고향으로 둔 이들 100여 명이 학교 마당에 모여 잔치를 열었다. 폐교가 돼 버리는 바람에 현재는 노인회의 사랑방으로 쓰이고 있지만, 김 씨를 비롯한 몇몇 졸업생들이 모여 마을을 되살려 보자고 의기투합했다. 2016년부터 명절마다 사람들을 모아 축제를 여는 것도 그런 이유에서다.

김재국 항저우 외국어사범대 교수는 중국 동포들이 곳곳으로 흩어지고 있다고 말했다.

중국 랴오닝성 조선족 마을 우의촌에서 열린 마을 축제에서 인기를 끈 음식은 수육, 순대, 시루떡, 김치 등이었다.

한국의 전통 부채춤을 추고 있는 사람들. 이들은 자신들의 전통이 지켜지길 바라고, 자녀 세대들이 전통을 이어가길 바라는 마음에 이러한 행사를 빌미로 우리 것을 전수하고 있었다.

이들은 폐교 공간을 민속 박물관으로 만들기 위해 공안 당국과의 협상에도 안간힘을 쓴다. 공연은 할머니 품바, 합창, 사물놀이 등 다채롭게 구성되어 마을 사람들과 마을에 살다가 외지로 떠난 사람들이 섞여 즐기는 시간으로 꾸며졌다. 그중에서도 가장 큰 호응을 얻은 것은 품바 공연으로 맛깔난 춤과 표정으로 참석한 모든 이들이 덩달아 신이 나게 했으며. 모두가 함께 어우러지기에 충분했다.

잔치에 맛있는 음식이 빠질 수는 없는 법. 순대, 돼지고기 수육, 김치와 시루떡이 너무 맛났다. 한국에서도 친숙한 음식들을 90년 전 선조들이 옮겨와 뿌리 내린 그 장소에서 그들의 후손들과 맛볼 줄이야. 끊어진 관계를 되살리고, 조선족 마을을 다시 일으켜 세우려는 노력은 좋은 결과를 낼 수 있을까.

공연에 참여한 이들은 "우리 세대가 떠나고 나면 그동안 즐겨온 전통문화와 삶의 흔적들이 사라질 것"이라는 걱정을 전하면서도 "민속 박물관 프로젝트를 잘 만들어 한국 사람들도 찾아오고 다시 북적이는 마을이 되면 좋겠다"라는 바람을 내비쳤다.

코로나19로 모든 행사가 금지됐던 시기가 지나자 김정현 씨와 마을 사람들은 다시 움직여 축제를 열고 학교를 꾸미기 시작했다.

중국 랴오닝성 조선족 마을 우의촌에서 열린 마을 축제에서 주민들이 떡방아를 찧으며 인절미를 만들고 있다.

흙 위에 풀이 자라나 쓸 수 없었던 운동장은 풋살장으로 변모되었고, 내부는 새 단장을 통해 사물놀이 연주, 회의 등이 가능한 다용도실로 바뀌었다. 조선 전통의 초가집과 장독대도 학교 한편에 단장을 마치고 개방됐다. 과거와 현재를 이으며 이 터전을 지켜낼 수 있을지, 30년 뒤엔 또 어떤 풍경일지 기대된다.

학교 한편에 마련된 민속촌 풍경.

학교 벽면에 그려진 전통문화 그네뛰기 그림.

사물놀이 연습과 공연이 이뤄질 수 있도록 개조된 학교 내부.

그럼에도 하루에 100개의 마을이 사라진다

인간이 문명을 이루고 살아가는 공간은 도시다. 수렵채집이나 농
경사회를 거쳐 상거래가 발달하며 인류는 시장을 만들었고, 시장
을 중심으로 도시가 형성됐다. 도시는 인위적인 손길이 많이 들어
가 있지만, 본래의 도시 태동은 자연스러운 것이었다. 돈과 물자
가 오가는 자리에 도시가 만들어졌기 때문이다.

중국의 도시들은 매우 화려하다. 인구증가에 따른 문제점과 함께 고령화에 따라 파생되는 갈
등의 요소도 잠재되어 있다. 상하이 와이탄.

인간에게 생로병사가 있듯이, 도시 역시 흥망성쇠의 운명을 지닌다. 도시의 운명은 인류와 밀접하게 연결되어 있다. 사람이 몰려들면 흥하는 도시가 됐다가도, 빠져나가면 망하는 도시가 되는 것이다. 물론 그 안에는 수많은 얘기가 숨어 있다.

인구 14억 명, 전 세계 국가 면적 5위, 경제력 2위, 1978년 개혁개방을 결정한 이래로 국제 사회의 일원으로 세계의 공장 역할을 자임하며 승승장구해온 중국. G2에 오른 중국과 미국의 패권 다툼 속에 중국 내부에서는 어떤 일들이 벌어지고 있을까.

도시는 사람에 의해서 가동되기도 하고 멈추기도 한다. 이 문제를 탐구하기 위해 중국에서 가장 부유한 도시 중 하나인 항저우를 찾았다. 알리바바 창업주 마윈이 나온 학교로 유명한 항주 외국어사범대는 최근 주 정부와 기업으로부터 기부금이 많이 들어와 1캠퍼스보다 더 넓은 땅 위에 2캠퍼스를 짓느라 정신이 없었다.

가파르게 하락하는 중국의 출산율

이 학교에 재직 중인 인구학자 펑웨이빈彭伟斌 교수를 만났다. 중국은 1979년부터 시작한 한 자녀 정책으로 인해 저출산 상태가 이어지자 2015년 이 정책을 완화했다. 펑 교수는 '소황제'로 불릴 만큼 큰 관심 속에서 자라고 있는 1명이 머지않아 부모와 할아버

항저우 외국어사범대 학생 식당에서는 피아노 반주가 흘러나오는 가운데 학생들이 식사하고 있다.

지, 할머니 등 총 6명을 부양해야 한다고 하면서 성큼 다가오는 시대 상황이 매우 걱정된다고 했다.

"하루 100개의 마을이 사라지고 있어요."

펑 교수는 위와 같은 제목으로 보도되는 것이 언론에서 약간 과장하는 것 같지만, 어느 정도는 실제를 반영한 것이라고 말한다. 그동안 중국 정부가 만든 출산율 통계는 현실과 많이 어긋나 있다는 것. 인구학자들이 직접 조사해 가지고 있는 통계는 정부 측의 수치보다 훨씬 낮게 나타났고, 이를 근거로 정부에 산아제한을 풀어야 한다고 강하게 의견을 제시했지만 받아들여지지 않았다. 그 배경에는 공무원 조직이 자신들의 지위를 유지하려는 뜻이 담겨 있었다며 허탈해했다.

1967년 중국 인민정부는 계획생육위원회를 만들었다. 출산제한 정책을 집행하기 위한 기구다. 이 위원회는 도시마다 하부위원회를 설치하는 등 거대한 규모를 유지해왔다. 산아제한 정책을 고수하면서 아이를 더 낳을 때마다 벌금을 내도록 했다. 아이를 더 낳으면 사회 시스템 유지를 위해 들어가는 비용이 더 늘어나게 된다는 게 그 이유였다. 그렇게 걷힌 벌금 등은 공무원 조직인 계획생육위원회의 기득권을 유지하기 위한 목적으로 쓰였다.

출산율의 실제 지표가 걱정스럽게 나타나자 중국 당국은 그제서야 2016년 위생부와 계획생육위원회를 합쳐 인구 문제를 담당하는 기능을 다른 부서로 통째로 넘겼다. 내부 기득권 문제와 인

본인이 번역한 『글로벌 가족 계획 혁명』이라는 책을 지구촌장에게 선물하고 있는 펑 교수.

구 폭등에 따른 사회시설 인프라 부족 문제에 대한 우려 등은 반대로 중국 내 고령화를 더 빨리 가져왔고, 이제는 그에 따른 사회 갈등과 비용 지출을 걱정해야 할 처지가 됐다.

산아제한 풀었지만, 인구는 늘지 않고

중국의 60세 이상 인구는 약 2억8,004만 명(2022년 기준)으로 전체 인구의 19.8%를 넘어섰다. 고령자의 지표로 활용되는 65세 이상 인구는 2억978만 명으로 인구의 14%를 넘기며 고령사회에 접어들었다. 2016년 산아제한 정책을 없앴지만 1,786만 명의 신생아가 태어나 산아제한을 실시했던 2015년의 1,655만에 비해 불과 131만 명 늘어나는 데 그쳤다. 그러나 이듬해인 2017년도엔 1,723만 명으로 전년도에 비해 63만 명이 바로 감소했다. 2018년도엔 1,523만 명으로 무려 200만 명이 줄어들었다. 2019년엔 1,460만 명으로 63만 명이 감소했다. 코로나 시기를 지난 2022년도엔 출생아 수가 956만 명을 기록하면서 코로나 직전에 비해 무려 400만 명이 사라졌다. 이 속도대로라면 10년 만에 절반이 되는 것이다.

중국 정부는 애초 산아제한을 풀면 1~2년 안에 베이비붐 현상이 일어날까 우려를 했지만, 결과적으로 쓸데없는 걱정이 되고 말았다. 인구학자들이 저출산과 그에 따른 사회문제를 연구하려고 현장

중국의 대표적 도시 중 한 곳인 항저우의 도심에서 지팡이를 짚고 걸어가는 한 노인을 만났다.

조사를 나가면, 대다수 마을의 규모가 많이 쪼그라들어 각 마을을 따로 다루지 못하고 몇 개 마을을 합쳐서 조사를 진행하는 사례가 여러 곳에서 나타났다고 한다. 공업단지가 있던 마을도 더 이상 직원을 뽑을 수가 없고, 학교도 규모를 유지할 수 없는 상황이 생기고 있었다는 것이다. 정상적으로 기능을 유지하지 못하는 지방의 도시들이 빠르게 늘고 있는 현실을 보여준 것이다.

　결국 정부(계획생육위원회)가 내놓은 통계보다 인구학자들이 제시하는 수치와 주장이 더 설득력 있게 받아들여지자 중국 정부는 뒤늦게 산아제한 정책을 풀었지만, 이미 늦었다는 비판을 피하기 어려운 현실이다.

자식 대신 손주 돌보는 중국의 할아버지 할머니

중국의 젊은 부부는 아이를 낳고, 노동 현장으로 가고, 육아의 빈자리는 할머니 할아버지의 몫이 되었다. 자녀들이 아이 한 명을 낳은 이후 더 낳지 않으려 하는 것을 존중한다고 말하는 노부모 세대.

심양의 아파트 단지 놀이터에서 손주를 돌보는 할머니들도 하나같이 자식들이 아이 하나 더 낳는 것을 반가워하지 않을 뿐만 아니라 자신들도 마찬가지라고 했다. 한 할머니는 "시골에서 올라와 (자식들 대신) 손주를 돌보는 것도 한 번이면 족하지 두 번은 못 할 일"이라며 손사래를 쳤다. 그는 3개월째 아들과 며느리 대신 육아를 책임지고 있다고 했다.

물론 할아버지, 할머니들은 손자, 손녀를 매우 사랑하고, 정말 잘 키우고 싶어 하는 마음이 가득해 보였다. 그러나 "내 인생도 즐겨야 하는 상황에서 아기를 계속 안아줘야 하니 허리가 점점 아프다"라며 "노년의 시간을 아픈 채로 보내긴 싫다"라고 했다.

심양의 한 아파트 단지 놀이터에서 손주들과 함께 산책을 나온 할아버지 할머니들을 많이 볼 수 있다.

결혼보다는 대출받아 자동차 사려는 주링허우 세대

주링허우九零后 세대로 불리는 1990년대생들은 과거 세대보다 아이를 낳지 않으려는 성향이 강하다. 난징에서 만난 대학원생 왕진진(25세/2017년 당시) 역시 고향에 남은 친구 중 여성들은 대부분 20대 초반에 결혼하지만, 자신처럼 고향을 떠나 도시로 나온 이들은 결혼은 엄두도 낼 수 없다고 했다. 결혼은 우선순위가 아니라는 것이다. 그는 가끔 고향에 가면 "노처녀"라며 놀림을 당하기도 한다고 투덜댔다. 하지만 학업을 이어가고 일자리를 얻는 것이 훨씬 중요하고, 자신의 삶을 안정적으로 유지하는 것이 먼저라는 생각이 강하다. 그리고 몇몇 친구들은 취직하자마자 은행에서 대출받아 할부로 자동차를 사는 등 삶을 즐기는 쪽에 무게를 두고 있다고 한다.

그의 얘기를 들으며 중국 청년들이 자기 주도적으로 꿈을 실현하는 것이라는 생각이 들면서도 동시에 소비를 극대화하기 위해 젊은이들로 하여금 대출 인생을 시작하도록 사회체제가 유도하는 것은 아닌지 씁쓸한 마음이 들기도 했다.

이런 배경에는 '세계의 공장'이었던 중국의 젊은 인구가 줄어들고 노동력 부족 문제가 심각해지는 동시에 임금은 이전보다 높아진 현실과 맞닿아 있다. 많은 공장이 값싼 노동력을 찾아 베트남 등 동남아시아로 옮기다 보니 경제 규모를 유지하기 쉽지 않은

난징에서 만난 대학원생 왕진진이 결혼과 출산에 대한 주링허우 세대의 고민을 얘기하고 있다.

현실이 자리하는 것이다. 즉 일할 사람을 찾기 어려워지니 기업 운영도 어려워지고 부족한 일손을 대체하기 위해 기계를 활용하는 비율이 높아지고 젊은 세대는 일자리가 줄어 돈 벌기 어려워지는 상황이 반복되는 것이다.

게다가 이런 현상들이 중국 사회 곳곳에서 벌어지면서 양로 문제, 부양 문제, 사회복지 문제의 압력이 아래로부터 올라오는 상황이다. 저출산이 고령화 속도를 빨라지게 하고 이로 인해 발생하는 여러 문제 때문에 중국 정부는 장기적으로 국내총생산^{GDP}의 1% 이상을 양로 문제 해결에 쓰려고 노력하지만 전망은 그리 밝지 못한 상황이다. 노년층의 소득 문제와 연금의 지속가능성은 머지않아 중국 사회에 큰 위협으로 떠오르게 될 것이다.

현재 중국은 남성이 60세, 여성은 50세에 은퇴를 하는데 일부 여성 간부와 특별근로 환경에서 근무하는 남성은 55세로 돼 있다. 이들이 비교적 이른 나이에 은퇴하면 바로 연금을 수령할 수 있기 때문에 연금을 줘야 하는 정부 입장에서는 재정적으로 상당한 압박이 될 수밖에 없다. 그래서 최근 몇 년 새에 연금받는 나이를 뒤로 늦추는 논의를 시작해야 한다는 주장이 나오고 있는 것이다. 40대 후반의 펑 교수는 자신이 은퇴할 때쯤이면 정년이 67세로 연장될 가능성이 크다고 내다봤다.

그러나 중국의 여론은 대체로 정년 연장에 동의하지 않는 분위기다. 중국은 2022년 말 기준 전년 대비 85만 명의 인구가 최초로 줄어들면서 가장 많은 인구의 자리를 인도에 내주었다. 1961년 마오쩌둥의 대약진 운동으로 인구가 감소한 이래로 61년 만에 나타

중국에서는 혼자 있을 노인 세대를 위해 로봇견, 로봇 손주의 모형으로 노래 틀어주기, 약 먹을 시간 알려주기 등 갖가지 기능이 담긴 로봇이 출시되고 있다.

난 하락이다. 다만 과거엔 특정한 정책 실패의 성격이 짙지만, 지금은 자연 감소라는 측면이 다르다. 최근 중국 정부는 인구감소를 막기 위해 군대를 동원했다. 군인 가족들의 출산 장려에 나선 것인데, 3명까지 출산을 허용하고 육아휴직, 보육과 탁아 관련 지원을 강화한 것이다.

출산율 하락에 이어 전체 인구 하락이 나타나면서 부모 세대가 살았던 '팽창의 시대'가 서서히 저물고, '축소의 시대'가 오고 있다. 그 시대를 이끌어갈 중국의 젊은 세대들은 크나큰 숙제를 어떻게 풀어갈 것인가.

열 살 되면 가출하는 도시

다수가 힘든, 여성은 더 힘든 케냐

케냐의 초대 대통령 이름을 딴 조모 케냐타^{Jomo Kenyatta} 공항. 비행
기가 멈추자 승객을 내려준 곳은 공항 건물로 이어진 복도가 아
니라 활주로였다. 6월의 녹음과 함께 뜨거운 햇볕으로 데워진 활
주로의 아스팔트를 따라 임시 건물로 들어서 입국 수속을 밟는데,
창밖을 보니 택시 기사들이 호객 행위를 준비하고 있었다.

  언제부터인지 모르지만, 여행을 하면서 나도 모르게 형성된 기
준이 있는데, 공항에서 호객 행위가 있느냐 없느냐로 선진국과 개
발도상국의 차이를 나누게 된 것이다. 과학적이진 않지만, 일종의
촉 같은 거였다. 여행객들은 줄을 서는 체계가 없거나 다른 시스

케냐 칼로무구가 지역의 칸뎅와초등학교에서 여학생들과 기념사진을 찍었다.

템이 없는 경우에 택시 기사들의 영업행위에 시달려야 하기 때문
이다. 나 역시 곧바로 도착한 도시에서 누군지도 모르는 이들에게
시달리는 것이 달가운 일은 아니라는 생각이 들었던 것이다.

　잠시 의자에 앉아 호흡을 가다듬고 케냐 심^{SIM} 카드를 사서 폰
에 집어넣었다. 택시를 탈 돈은 없으니 공항 직원에게 시내까지

갈 방법을 물었다. 멀찌감치 떨어진 곳에 시내까진 아니지만, 중간까지 갈 수 있는 버스가 있단다. 버스를 타고 보니 30년은 돼 보였다.

부실하게 깔린 아스팔트를 따라 매연을 뿜으며 달리는 버스는 시도 때도 없이 멈춰 사람을 태우고 내려줬다. 빨간 흙 위에 천을 깔아놓고 옷가지와 신발을 파는 사람들이 어지럽게 모여 있었다. 조금만 더 가면 나이로비구나.

나이로비는 '아프리카의 유럽'이라 불릴 정도로 휘황찬란했다. 정돈된 느낌은 없었지만 활기차 보였다. 대학의 댄스동아리 회원들은 거리 공연을 하고 있고, 총알이 있을까 의심되는 총을 든 군복 입은 이들도 보였다. 이 도시에는 어떤 이야기들이 숨어 있을까.

케냐 나이로비 시내에서 군인은 아니지만, 총을 들고 있는 사람을 볼 수 있었다.

일부다처제가 합법이라고?

2014년 3월 20일 '일부다처제법'이 케냐 의회를 통과했다. 여성 의원들이 반발하며 퇴장한 가운데 진행된 표결이었다. 케냐의 여성단체와 인권단체들은 한목소리로 반발했다. 그런데도 이 법안은 결국 4월 29일 우후루 케냐타 대통령의 서명으로 생명을 얻게 됐다. 21세기에 일부다처제법이라니. 나는 하루에 1,000케냐 실링(약 1만 원)을 주고 무늬만 호텔에서 머문 어느날 객실을 청소하는 직원으로부터 이 내용을 듣게 됐다. 그리고 이게 어떻게 가능한 건지 이해하기가 어려웠기에 이 문제를 더 들여다보기로 했다.

법안의 이름은 익히 알려진 일부다처제법이 아닌 혼인법Marriage Act이라는 점이 눈에 띄었다. 케냐의 혼인법은 원래 있었지만, 혼인법 말고도 기독교 혼인 및 이혼법, 이슬람 혼인법, 힌두교 혼인 및 이혼법 등 7개의 법안이 뒤섞여 있었다. 여러 종교와 관습법에 따라 제각각 살아온 케냐의 전통이 반영됐기 때문이다. 게다가 이들 법 모두가 영국 식민지 시절에 만들어졌다. 1967년 케냐의 초대 대통령 조모 케냐타는 결혼법위원회까지 만들어 여러 결혼 법안을 하나로 만들고자 노력했지만, 의회를 통과하지 못해 좌절됐다.

기존 혼인법들은 통합 관리가 어려웠다. 특히 다른 법에 따라 살아온 사람들이 서로 결혼하거나 이혼하는 과정에서 생기는 분쟁을 해결하기가 쉽지 않았다. 그런 의미에서 무려 47년 만에 빛

케냐 나이로비의 유원지를 거닐며 산책하는 가족.

을 보게 된 2014년 개정 혼인법은 기존의 혼인과 이혼을 다룬 개별 법률 7개를 없애고 하나로 통합했다는 데 큰 의의가 있다. 그러나 여성계와 시민 단체들은 해당 법안이 케냐 헌법의 평등 원칙과 여성의 존엄을 훼손한다고 강하게 반발했다. 정확히 어떤 조항 때문일까. 케냐의 헌법 사이트에서 혼인법을 찾아보았다. 총 14장 98개 조항으로 돼 있는데, 마지막 조항인 98조 아래엔 폐지된 7개의 법안 목록이 있다.

1장은 법률이 다루는 내용 중 단어들의 혼동을 줄이기 위해 보다 명확하게 설명하는 장이다. 아동, 지참금, 신앙 등을 포함해 총 15개의 단어를 설명하는데, 일부다처제란 말은 11번째에 등장한다.

총칙인 2장에서는 결혼의 정의와 법률적으로 인정받을 수 있는 요건 등을 다룬다. 아마도 문제가 됐던 조항이 여기에 있는 것으로 보이는데, 결혼의 종류를 밝힌 6조에서 1항은 기독교, 힌두교, 이슬람, 관습, 통상적인 결혼을 통해 축하를 받으면 인정받을 수 있다고 규정한다. 2항은 기독교인과 힌두교 또는 시민 결혼은 일부일처제라고 규정한다.

가톨릭 신자인 대통령의 두 번째 배우자

그리고 문제의 3항이다. 3항에선 관습법이나 이슬람법에 따라 축하를 받은 결혼은 일부다처제 또는 일부다처제로 간주된다고 적시되어 있다. 물론 이는 이슬람 신앙을 고백하고 인정받은 자로 한정되고, 다음 조항인 8조에서는 각 배우자가 자발적으로 개종 의사를 표명하면 일부일처제로 전환될 수 있다고 여지를 남기는 규정도 있다. 케냐의 전통 사회가 다른 아프리카 국가들처럼 중혼이 널리 퍼져 있는 상황과 쿠란 내용을 종교적으로 동의하는 흐름이 남아 있는 것을 반영한 것으로 보인다.

대화를 나눈 숙소 직원은 "실제로 재밌는 사례가 하나 있다"라며 2002년에 취임한 음와이 키바키MWAI KIBAKI 케냐 3대 대통령 이야길 들려주었다. 그는 "대통령에게 아무도 몰랐던 둘째 부인이 있었다"라고 했다. 그런데 그 존재가 대통령 당선 이후 알려졌고, 당시까지 마땅한 관련 규정이 없다 보니 영부인들의 의전과 예우

케냐 음와이 키바키(앞줄 오른쪽에서 두 번째) 전 대통령의 가족사진. 첫째 부인인 루시 키바키 여사와 사이에 4명의 자녀를, 둘째 부인인 메리 왐부이 키바키 여사와 사이에 한 명의 딸을 두고 있다.

를 놓고 설왕설래했다고 한다. 게다가 대통령은 다처제를 허용하지 않는 가톨릭 신자였다. 이를 두고 전통 사회의 가치와 관습이 만들어진 과정과 역사적 맥락을 고려하지 않고 다처제를 무조건 비판하는 것에 대한 반론도 있었다.

　다처제와 관련해서 쿠란에 관련 내용이 들어가게 된 배경을 살펴보면, 7~8세기 부족 간 전쟁이 일상이었던 시절 마땅한 복지 제도가 없다 보니 남편이 전사하면, 살아남은 남자들이 유족의 생계

케냐 나이로비 시내에서 사람들이 구두를 닦고 있다.

를 책임지자는 취지였다고 한다. 남편이 모든 부인을 공평하게 대할 수 있다면 4명까지 가능하다는 내용이 그것이다. 다른 아프리카 국가에서도 이러한 결혼 문화는 여성이 남성의 재산에 기대어 살기 위한 생존 방법이라는 것이다.

몇몇 케냐인들과 관련해서 이야기를 나누어봤다. 이들은 입을 모아 "일부다처제로 사는 것은 현실적으로 매우 어려운 일"이라고 했다. "여러 명의 아내에게 같은 정도의 관심을 주는 것은 물론이고, 재력이 없으면 꿈도 못 꿀 일"이라고 했다. 도시에 사는 국민들이나 젊은 세대에게 이 같은 혼인은 극소수 사람들만 해당된다는 것이다.

반면 아직도 부족 사회를 살아가는 경우엔 가난한 집에서 부잣집에 딸을 넘기고 지참금을 받는 경우가 많아 시골의 경우엔 다를 수도 있다고 했다. 혼인법 43조 2항에는 지참금을 주고받으면 이 것이 혼인을 입증할 수단임을 드러내고 있다. 지참금은 결혼을 약 속하고 주고받는 주식, 물건, 돈 또는 기타 재산을 가리킨다. 케냐 를 비롯한 아프리카에서는 지참금이 결혼을 허락한 신부의 집안 에 감사의 표시와 신부에 대한 사랑이라고 말한다. 보편적으로 소 와 염소 등을 주지만, 최근엔 결혼식장에서 소 울음소리를 스피커 로 틀어놓고 돈으로 주는 경우도 늘고 있다고 한다.

겨우 열 살, 하시만 소녀들은 가출을 결심한다.

처음에는 케냐의 지참금이 한국에서 결혼할 때 주고받는 예물이 나 혼수와 비슷하리라 생각했다. 그런데 이것을 관습이 아니라 법 에 분명히 밝혀뒀다는 점이 눈에 띄었다. 감사와 사랑의 표시가 아닌, 여성을 두고 어떤 거래가 이뤄지는 듯한 느낌을 줬기 때문 이다.

이런 결혼은 신랑과 신부의 관계가 처음부터 동등하지 않은 생 활을 할 가능성이 매우 크다. 2014년 케냐 통계청 자료에 따르면, 배우자의 신체 폭력을 경험한 기혼 여성은 57%, 배우자로부터 성 폭행을 당한 경우도 55%였다. 여기에 더해 여성 인권 유린의 상 징으로 여겨지는 할례를 경험한 15세~64세 여성이 통계로 드러

케냐를 비롯한 아프리카에서는 소와 염소는 큰 재산으로 여겨지며 결혼의 대가로 오가는 거래 용도로도 쓰인다.

나는 수치만 21%에 달한다. 최근 이 수치는 2022년 15%로 감소했다. 1990년부터 법으로 금지했지만, 여성이라면 통과해야 하는 성인식으로 여기는 건 변함이 없다. 일부 도시에서는 병원에서 의사들에 의해 행해지기도 하지만 이 비율도 15%에 그친다.

나이로비에서 서북쪽으로 90km 떨어진 나이바샤에 있는 작은 어린이센터에는 10세~17세 아이들 10여 명이 머물고 있었다. 이곳에서 만난 여자아이들은 주로 할례를 당한 언니들의 고통스러워하는 모습을 봤거나, 언니들이 도망가라는 조언을 주었다고 했다. 그도 그럴 것이 할례 이후엔 학교를 그만두고 혼인을 해야 한다고 했다. 조혼 역시 문제가 되는데, 부모가 결정하기에 별다른 저항 수단이 없다.

우후루 케냐타 케냐 대통령은 아이들이 할례 때문에 고통받지 않게 하려고 2023년까지 할례를 금지하겠다고 약속했다.

대다수 지역에서는 마취와 소독을 하지 않고, 비위생적인 곳에서 전통 방식으로 이뤄진다. 할례를 당하는 여성 중 80% 이상이 이와 같은 환경에 노출된다. 이런 경우 합병증 유발이 높은데, 실제로 합병증을 겪으면 이는 곧 불결하다는 인식을 준다.

따라서 결혼을 했다면 결국 남편이 떠나기도 하고, 결혼하지 않았다고 해도 가정에서 제대로 된 돌봄을 받을 수 없어 사실상 학대를 당하게 된다. 이중피해에 시달리게 되는 것이다.

대통령은 2023년까지 할례 금지를 약속했지만

더 큰 문제는 이들이 몸이 아픈 채로 곧바로 생계를 위협받는 악순환에 빠진다는 것이다. 특히 대다수 여성이 어린 나이에 할례를 경험하게 된다. 할례를 당한 27%가 5~9세 사이의 아동이며, 43%는 10~14세의 어린이였다. 일부 어린이들은 두려운 나머지 부모님과 헤어지기로 마음먹고 집을 떠나는 일이 벌어지고 있다고 한다.

한편 케냐와 탄자니아의 국경 지역인 나망가Namanga에 살고 있는 30대 마사이 부족의 여성은 "할례는 당연히 받아야 한다"라고 말했다. 할례는 특정 부족과 특정 종교 집단에서는 여성 스스로가 당연히 받아야 한다고 생각하는 경우도 적지 않은 것 같다. 이는 교육이 제대로 이뤄지지 않고 사회 인프라가 충분히 갖춰지지 못하다 보니 과거로부터 잘못된 문화와 인식이 전해 내려온 뒤 개선되지 못하고 도리어 뿌리 깊게 작용하고 있는 것으로 보인다.

안타까움은 더 거세진다. 이른 시일에 쉽게 개선될 수 있는 문제는 아니라는 생각이 들어서다. 우후루 케냐타Uhuru Kenyatta 대통령은 2023년까지 모든 할례를 금지하겠다고 약속했지만, 실제로 이뤄지는 건 시간이 더 필요해 보인다. 할례를 경험한 비율이 1998년 38%에서 2022년 15%로 감소추세에 있다는 것은 그나마 다행으로 보이지만, 통계에 잡히지 않는 비중도 적지 않을 것이다. 언제쯤 이 고통에서 해방될 수 있을까.

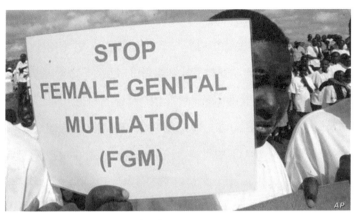

할례 금지 시위에 나선 마사이 부족의 소녀.

잘못된 전통에서 여전히 벗어나지 못하는 아프리카

지구촌은 빠르게 변화하는 것처럼 보이지만, 여전히 그렇지 않은 곳들이 존재한다. 나이로비는 동아프리카를 이끌어가는 대표 도시이자, 주변 국가 청년들이 유학을 가고 싶어하는 곳이기도 하다. 연평균 5% 전후의 경제성장률 속에서 많은 기회가 생기지만, 어쩌면 그것을 붙잡을 수 있는 사람들은 정해져 있을지도 모른다. 도시를 빠져나오면 곧바로 온통 흙길이 널려 있고, 농업 관련 인프라와 기술이 부족해 농작물 재배는 여전히 전통 방식에 의존하고 있다. 예컨대 닭의 경우 80%가 폐사하는 등 농업 연구나 기술 전수 시스템이 갖춰져 있지 않다.

농업용수는 물론 상하수도가 갖추어진 곳도 많지 않아, 어릴 때부터 물을 길어 오는 것이 매우 중요한 일과다. 이런 환경에서 여성의 일생은 일하고 출산하고의 반복이다. 여성이 교육받는 비율이 남성보다 낮고, 남편에게 폭력과 성폭행을 당하는 비율도 높다. 여성의 평균 수명도 60대를 넘지 못한다. 세계적으로도 여성의 수명이 대부분 남성보다 길지만, 이곳 여성의 평균 수명은 남성보다도 짧은 특이한 나라다. 케냐의 출산율은 1960년대 8명대를 유지하다가 70년대 이후부터 낮아지는 추세다. 2008년 4.59, 2013년 4.0, 2018년 3.49까지 떨어졌다. 이후 코로나 시기를 거치면서 3.3명대로 낮아진 것으로 추정된다. 1989년 1,000명당 61명의 영아가 사망했지만, 2022년엔 32명으로 감소했음에도 출산율이 낮아지는 것은 기혼 여성 중 절반 이상이 피임약을 사용하는 현실도 작용했

케냐 나이로비의 시내 광장에서 대학 동아리 학생들이 공연하고 있다.

케냐 등 아프리카에서 여성의 삶이란, 일과 출산의 반복이다.

을 것이다.

한편, 케냐 헌법은 여성과 남성의 동등한 기회 보장과 이른바 성별 할당제의 조항을 수록하고 있다. 그러나 문제는 이것이 지켜지고 있지 않다는 데 있다. 같은 선상에서 인권과 평등과 자유를 핵심으로 하는 민주주의의 이념을 헌법에 잘 정리했음에도, 혼인법에서의 관습법과 이슬람법을 따르는 조항들이 헌법의 정신과 충돌하는 지점들은, 법률적으로도 아직 가야 할 길이 더 있다는 것을 뜻한다. 물론 이는 법률을 실천하는 것과는 또 다른 차원이다.

지구촌 도시들은 성별 격차 또는 차별의 지점들을 끊임없이 토론해 가며 좋아지는 방향으로 천천히 나아가고 있다. 그러나 농촌 인구가 80% 가까운 케냐에서는 도시화 속도, 교육의 개선, 실질적 인권의 보장 등이 법률과 전통문화의 괴리로 쉽사리 나아진다는 전망을 하기 어려워 보였다.

세계 보건기구 조사에 따르면 지금 이 시각에도 아프리카뿐 아니라 중동 등 28개의 나라에서 하루에 약 6,000여 명, 연간 200만 여 명의 여성과 어린이들이 할례로 고통받고 있다. 오늘도 열 살 쯤 된 아이들은 가족의 품에서 벗어나 무작정 집을 떠날 각오를 다지고 있을 것이다.

도시는 왜 저출산을 재촉하나

저출산과 고령화는 지구 인류의 흐름이다. 복지국가도, 인권이 상대적으로 더 낮은 아프리카도 출산을 기피하는 추세가 분명히 느껴진다. 지금껏 세계 인구는 100년 전 20억 명에서 80억 명으로 늘어왔다. 저출산 국면이 들어섰음에도 인구가 늘어나는 건 과거 다출산 시대를 지나온 결과이며, 위생의 향상, 식음료의 혁명, 의료기술의 발달이 두루 작용했기 때문이다. 인간의 평균 수명은 수십 년이나 길어지게 되었고 짧은 수명의 시대에 장수는 축복으로 통용됐지만, 도시화를 이루고 있는 지금의 노후는 개인으로도 사회적으로도 행복한 일만은 아닌 상황이 되었다. 60세 은퇴 후 죽음을 기다리던 과거와는 다르게 여전히 몸도 마음도 건재한 노인이 많다. 그러나 노동시장에서는 퇴물 취급하며 쫓아내어 기어이

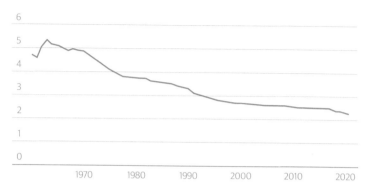

세계 출산율

세계의 출산율은 지속적으로 낮아지는 추세에 있다.
데이터 출처: datacatalog.worldbank.org(Data Commons를 통해 확보)

복지의 대상자로 만든다. 개인의 삶으로 보아도 억지이고, 사회적으로는 지속가능성이 유지될 리 없다.

한편 출산율 저하 역시 수많은 요소가 작용했기 때문이다. 어쩌면 과거에 있었던 다출산이라는 것이 우리의 머릿속에서 정상이라는 인식이 있는 탓에 저출산을 비정상이라고 여기는 것은 아닐까 하는 생각도 든다. 인구는 경제성장의 원동력이고 인구가 줄면 시장도 축소되기 때문에 생산도 줄어든다. 이러한 도식에 의하면 인구는 늘어야만 성장이 가능하다는 결론에 도달한다.

그러나 지구는 무한한 공간이 아니므로 적정수치를 넘어가면 생태계는 깨지고 만다. 어쩌면 지금의 지구가 이미 임계점을 넘어간 상태가 아닐까 의심하는 학자들도 생겨나고 있다. 방 3개가 있는 24평의 집에 몇 명이 살 때 쾌적한가. 작은 공간에서의 생각이나 지구처럼 큰 공간에서의 생각이나 작은 집 큰 집의 차이일 뿐 그 쾌적함의 적정성은 얼추 비슷할 것이다. 좁은 방에 사람이 가득 들어차면 쾌적함은 멀어지게 되니까 말이다.

지금의 인류는 여러 작용으로 저출산이라는 귀결을 맞고 있지만, 그 흐름의 파생은 도시화와 인터넷의 발달이 주요했다고 생각한다. 농경시대의 경쟁력은 일손이었고, 위생과 의료의 미비로 영아 사망률도 높아 아이들을 많이 출산했다. 여기에 남성은 바깥일, 여성은 출산과 집안일이라는 공식이 만들어졌다. 결혼과 출산은 인간의 의무라고 생각하던 시대가 아니었을까.

탄자니아에서 만난 1980년생 누나는 총 4명의 자녀를 낳았다. 딸 셋은 10대 중·후반으로 컸고, 막둥이 아들은 1년 3개월째(2018년)이다. 1975년 7.0의 출산율을 기록했던 탄자니아는 최근 4.6대로 지속 하락 중이다.

그러나 산업화와 도시화가 이뤄지면서 사람들은 융합되기 시작했다. 교육이 남자의 전유물로 여겨지던 의식의 흐름이 여자도 교육받는 게 당연한 시대로 바뀌었다. 노동시장에서의 차별 요소는 아직도 개선점이 많지만, 여성의 권리는 과거에 비해 비약적으로 성장했다. 남성을 뒷바라지하는 것이 여성의 롤이었던 시대가 이제는 여성도 꿈꾸고 도전할 수 있는 세상이 된 것이다. 부침도 있고 속도도 더디지만, 인권도 향상되고 있어 이 흐름은 변화를 향해 나아가고 있음은 틀림없다.

충격의 실상, 아기 공장

그러나 다른 한쪽에서는 여전히 무시무시한 일들이 벌어지고 있다. 가난한 나라, 취약계층과 빈민가에선 누군가의 인권은 제대로 취급되지 못한다. 특히 국가의 운영이 온전히 이루어지지 못하는 나라들의 상황이 심각하다. 나는 현장에 가볼 순 없었으나 관련 인터뷰를 다니며 왕왕 '아기 공장'에 대한 이야기를 들을 수 있었다. 가히 충격적이다. 세계적 흐름이 저출산으로 가고는 있지만 생명을 잉태하고자 하는 인간의 욕구가 왜곡된 형태로 나타나는 끝판왕이기도 하다.

아이를 낳고 싶은데 낳지 못하는 이들이 쓸 수 있는 수단은 시

방콕의 유명 야시장. 태국은 2022년 1.0의 출산율을 기록. 2029년엔 인구의 20%가 65세가 넘는 초고령국 진입이 예측되고 있다. 출산율은 더 떨어질 전망.

헛관 아기, 타인의 아이를 키우는 입양, 타인의 몸을 통해 잉태하고 낳아 데려오는 대리모 등이 있는데, 대리모는 그나마 개인의 선택에 따른 것이라고는 하지만, 극단적으로는 그야말로 비인간적이고 불법적인 방법도 동원된다. 가임기의 여성을 납치해 1년 동안 숙식을 시키며 임신을 시키고 아이를 받는 아기 공장이 바로 그것이다. 이렇게 만들어진 아이를 제대로 키울 수 있을까 싶지만, 의뢰인들이 이런 실상을 제대로 알기 어렵고, 한편으로는 얼마나 간절한 일일까도 생각하면 참 어지러운 세상이다. 거대한 충격을 아직도 잊을 수가 없다.

강제적 아기 공장에 이어 대리모 역시도 법적, 윤리적 문제가 끊이지 않는다. 한때 대리모가 합법이었던 인도는 연 4억 달러 정도로 큰 규모의 시장이 존재했다. 그러나 가난에 찌든 여성들이 가족을 위해 자신의 몸을 희생시키며 자의가 아닌 타의로 내몰린다는 비난이 일어나자 2016년 불법화했다.

태국 역시도 대리모 시장이 암암리에 활성화됐던 곳이지만 2015년 불법화되었다. 돈거래가 아닌 무상의 대리모는 법적 제재 사안이 아니었지만, 비밀리에 금전으로 거래된다는 사실을 안 당국은 이후 이를 분명히 금지하고, 외국인들의 의뢰도 허용하지 않도록 한 것이다.

이유인즉슨 2014년 태국의 대리모로부터 태어난 아이 한 명이 다운증후군을 가지고 태어났다는 이유로 거부당한 일이 공론화되었다.* 이때 아이를 의뢰한 부부는 호주 출신 부부였다. 그러나 당시엔 같은 공간에 13명의 아기가 더 있었는데, DNA상 정자의 제공자는 24세의 일본인 남성 한 사람이었다. 전 세계 1,000여 명의 자식을 만드는 게 목표라는 말이 뉴스를 통해 공개되자 세간의 공분을 사기도 했다.

* https://www.bbc.com/news/world-asia-43169974

이처럼 태국의 대리모가 규제되자 시장은 잠시 캄보디아로 넘어갔지만, 캄보디아 역시 2016년 곧바로 불법화됐다. 이후 별다른 대리모 규정이 없는 라오스로 옮겨갔다. 대리모의 필요성은 보통 동성부부나 불임부부로부터 비롯된다. 시장의 손님들은 주로 미국과 호주 등으로 알려져 있는데, 대리출산은 그 은밀성 때문에 적발도 쉽지가 않다. 그러나 간혹 대리모와 의뢰인 부부 간 갈등이 발생하면 세상에 드러난다. 대리모가 친권을 주장하면 법원에서의 판단이 의뢰인의 의사만을 존중하진 않기 때문이다. 그래서 몇몇 국가에서는 아예 대리모를 합법화한 국가들도 있다. 아일랜드, 덴마크, 러시아, 영국, 이스라엘, 우크라이나 등이 그렇고, 미국, 케나다, 멕시코는 일부 주에서 합법화하였다.

우크라이나 키이우. 엄마들이 지켜보는 가운데 아이들이 놀이터에서 놀고 있다.

그러나 이처럼 합법화한 나라에서도 모자 관계를 인정하는 법이 제각각이다. 예컨대 러시아는 대리모가 친권을 주장하면 우선권을 갖는다. 모자 관계는 출산행위를 통한다고 보기 때문이다. 그러나 우크라이나는 다르다. 출산행위를 중심으로 보지 않으니 친권을 빼앗길 위험이 없다. 그러다 보니 우크라이나의 시장이 매우 탄탄해지고 있었는데, 친권 걱정이 없다는 것과 더불어 다른 합법 국가들에 비해 가격의 저렴함도 한몫 하고 있었다.

대리모의 성지 우크라이나

우크라이나는 부정부패한 정치로 인해 극심한 양극화, 엄청난 지하경제가 존재하고, 여성 1인당 남성 비율이 0.85 정도로 성비가 안 맞는 나라다. 2차세계대전, 체르노빌 수습, 내전 등으로 목숨을 잃은 남성들이 많고, 현재에도 전장에 나가 희생당하는 상황이다. 내가 인터뷰했던 20대의 여성들은 아무리 늦어도 20대 중반에는 결혼하고 첫아이를 낳아야 한다는 사회 분위기가 있다고 말했다. 그때를 놓치면 결혼과 출산은 어려운 일이 되어버린다는 것이었다.

나이가 들수록 외모나 건강의 문제가 생겨 남자를 만날 기회가 더 줄어들 수 있다는 위기의식이 존재한다고 했다. 전통적으로 부모 세대는 20대 초반에 결혼하고 아이를 낳았지만, 지금은 그럴수 없는 상황이다. 30년 전에 비해 인구가 1천만 명 이상 줄어든나라, 젊은이들이 나라를 떠나 해외 취업을 선호하고 결혼과 출산을 기피하는 이유는 무엇인가. 그리고 왜 우크라이나는 대리모의핫스팟이 되었을까.

엘리자베스(가명)는 남편과 사이에 딸을 하나 둔 엄마다. 그러나 주택을 구매할 자금이 없어 한 번에 목돈을 벌 수 있는 수단으로 대리모를 선택했다. 그는 10개월을 임신한 채 지냈고, 그의 몸을 통해 나온 여자아이는 스페인 부부에게 전해졌다. 우크라이나는 태국과 인도 시장이 표면적으로 불법화되자 풍선효과처럼 부풀어 오른 시장이다.

우크라이나 의료관광협회에 따르면 의료기관이 외국인에게 제공하는 상위 서비스 3위에 대리모가 올라 있다. 대리모에게 매월 지출되는 평균 비용이 대략 3,000달러 선이며 패키지 가격도 30,000달러 정도로 다른 나라에 비해서 현저하게 낮다. 출산 후 지급되는 비용도 아무리 비싸도 20,000달러 이하인데 미국의 합법화된 주의 가격인 100,000달러가 최저선인 것에 비하면 매력도가높을 수밖에 없다.

엘리자베스는 30대 초반이었는데, 대리모의 조건이 35세 이하와 한 명 이상의 자녀가 있는 여성들만 할 수 있다고 했다. 당연히 남편의 동의가 필수이고 임신기간 동안 성행위에 대해서도 제한 규정에 따라야 한다고 말했다. 친권은 처음부터 보장되지 않는다고 하며 이는 철저히 지켜진다고 한다.

외면받는 결혼제도

"결혼이 우리 둘의 만남에 왜 끼어들죠?"

　독일에서 만난 커플이 내게 한 말이다. 이들은 결혼이라는 제도 자체가 사회적 인증의 성격을 띠지만 사실은 서로를 속박하는 구닥다리 제도라고 말했다. 동거한 지 2년이 된 이들은 자신들처럼 동거하는 경우가 흔한 일이라고 말한다. 고교를 졸업하면 완전한

독일 친구의 생일파티에 초대되어 놀러 갔더니 각자가 음식을 싸 와 나누어먹고 놀이와 노래를 곁들인 시간을 보냈다. 도르트문트 독일.

성인으로 이해되고, 본인 삶의 진로를 스스로 책임지며 나아가야
하기 때문이다.

경제적 요인이든, 섹스에 대한 욕망이든, 이들은 이렇게 만나서
동거하는 것이 매우 자연스러운 일인 것이다. 동거에 따른 시선이
따갑게 느껴지거나 하는 일도 없다. 보편적인 모습이기 때문이다.
아이 셋을 둔 어느 아주머니는 3명의 자녀를 두고 있지만, 아이
아버지가 모두 다르다. 각각의 동거 기간에 생겨난 일이었다. 그
럼에도 아이가 고교를 졸업할 때까지 주어지는 아동수당(대학생이
거나 직업교육생일 경우 25세까지)을 비롯한 많은 지원제도로 인해 엄
마의 삶이 옥죄어오는 것을 막아준다.

대학생일 경우 아이를 낳으면 어떻게 될까. 독일은 어릴 때부터
피임교육 등 성교육을 확실히 하는 것으로 알려진다. 이성과의 섹
스는 자연스러운 일이지만 분명한 책임 의식도 가르치고 있는 것
이다. 실제로 독일의 대학가에서 유모차를 끄는 학생들을 만나는
건 어렵지 않은 일이다. 물론 이것이 가능한 이유는 미혼모에 대
한 삐딱한 시선이 존재하지 않고, 아이를 낳기에 앞서 두려움을
없애주기 위한 사회제도들의 존재때문이다.

캠퍼스 내에도 유아원과 유치원이 있고, 보통은 4세부터 의무
교육의 대상에 포함되지만, 부모가 대학생이면 2세부터 보낼 수
있도록 예외 규정을 두고 있다. 육아로 인해 여성의 학업권이 피
해받아선 안 된다는 독일 사회의 철학이 반영된 것이다.

베를린에 있는 독일 국회의사당. 투명 돔이 인상적이다.

공동생활 약정 또는 시민연대계약Pacte Civil de Solidarite으로 불리는 프랑
스의 PACS는 출산율 상승에 기여했다는 평을 받는다.

이렇듯 출산과 육아에 따른 문제들을 사회가 대신하는 것은 과거에 비해 여성 인권의 수준이 향상되고 있음을 뜻한다. 가족을 이루지 않고도, 혼자서도 나락으로 떨어지지 않고, 최소한의 생활을 영위해갈 수 있도록 하는 것이다. 결혼 후 이혼할 때의 부담은 오히려 결혼을 꺼리게 하는 요소가 되거나 애초에 결혼의 필요성을 느끼지 못하는 세태는 점차 확대되는 추세다.

유럽사회는 독일뿐 아니라 대부분의 사람들에게 결혼은 구시대의 유물이라는 인식이 확산되고 있고, 보수적이라 생각되는 스페인과 남유럽의 이탈리아 등지에서도 동거에 대한 인식은 보편적으로 변화하고 있다. 스페인에서 만난 한 이주머니는 딸이 결혼한다고 해서 말린 뒤, 동거를 몇 년 해보고 결혼하라는 조언을 했다고 말했다.

한편 결혼제도가 사라져갈 것으로 지목되면서 동거문화를 자연스럽게 받아들여야 하는 것 아니냐는 논쟁이 한국사회에서도 벌어지고 있다. 그 이유는 세계에서 가장 낮은 출산율을 기록하고 있기 때문인데, 한국사회는 결혼이 주는 부담을 줄여주고 동거 역시 결혼에 준하는 제도 혜택을 주면 출산율이 늘어날 거라는 기대감을 갖고 있는 것이다.

그러나 내가 본 유럽에서의 보편적 동거문화 속에서도 눈에 띄게 상승되는 출산율의 국가를 보진 못했다. 프랑스의 새로운 가족제도로 주목하고 있는 시민연대협약인 PACS 제도나, GDP의 5%

정도[*]를 가족수당에 지출했던 프랑스도 재정의 지속가능성이 떨어지고 있으므로 제도의 안정성을 담보하지 못하고 있다. 여기에 더해 최근 몇 년째 출산율은 하락세로 접어들었다. 이러한 문제는 그간 우리가 출산율이 높은 나라로 지목해왔던 북유럽 국가들도 마찬가지다.

그럼에도 나는 결혼을 전제로만 하는 출산을 고집하는 것은 머지않아 깨질 수밖에 없다고 본다. 제도가 생겨서 촉진되는 면도 있겠지만, 대게는 문화의 흐름과 확대가 주도하기 때문이다. 그리고 동거제도가 만들어지더라도 출산율 상승의 목적을 앞세우지는 말아야 한다. 그저 젊은 세대의 가치관 변화와 시대를 반영한 정책이어야 한다. 책임의 이행이라는 혼인제도가 왜 이렇게 무거워졌는가를 생각해볼 때가 됐다. 연동된 문제지만 혼인만큼이나 무거웠던 것이 이혼이다. 지금은 이혼인구가 많아져 손가락질받는 경우가 줄었지만, 우리가 생각하는 '정상적인 삶'이 '결혼은 출산'이라는 도식이었다면 이제 혼인도 이혼도 출산도 삶의 수많은 선택지 중 하나로 변화되고 있음을 포착하고 인정해야 한다.

---

*   http://www.donga.com/news/article/all/20180521/90184052/1

높은 출산율 모델 국가는 옛말

프랑스는 유럽에서 가장 출산율이 높은 국가로 꼽힌다. 2014년까지 2.0대를 유지하며 유럽 평균인 1.6보다 훨씬 높은 수치를 기록했다. 그러나 최근 4년간 프랑스 출산율은 계속 낮아지고 있다. 2015년 1.96으로 떨어져 2.0대가 깨진 이래 매년 하락해 2018년 1.87을 기록했다. 2018년 프랑스에서는 총 75만8천 명의 아이가 태어났지만, 이 수치는 2017년보다 1만2천 명 줄어든 것이다. 최근인 2021년 74만2천 명은 2022년 73만3천 명으로 떨어지며 1.84를 기록한 2021년에 비해 2022년 1.80까지 떨어졌다.[**]

그간 프랑스의 출산율이 비교적 높게 유지됐던 이유로 꼽히는 것은 넉넉한 복지제도와 비교적 낮은 보육비용, 가족을 대상으로 한 공공정책 등이다. 여기에 이민자들의 역할도 분명히 존재한다. 그러나 프랑스는 경기침체뿐 아니라, 최근 고령자 비율이 20%에 달하는 등 초고령화로 인한 재정부담이 늘어가면서 고부담 고복지 체계의 순환이 흔들리는 압박이 누적해왔다. 그러면서 그간의 복지 관련 공공지출의 개혁 요구에 직면하게 된 것이다.

프랑스와 함께 높은 출산율로 알려진 스웨덴 역시 상황은 다르지 않다. 스웨덴은 출산에 따라 여성이 감수해야만 했던 것들을

[**] https://www.insee.fr/en/statistiques/6797730/ 프랑스 통계청

버스 뒷문으로 아이와 함께 탄 아버지. 버스에 유아차 또는 휠체어 고정 공간 2칸이 마련돼 있다. 유아차 마크가 선명하게 보인다. 스웨덴 스톡홀름.

사회가 떠안거나 남성의 참여를 적극적으로 유인한 사례다. 라떼파파로 유명한 스웨덴은 실제로 거리에서 유아차를 끄는 아빠들을 보는 것이 그리 놀라운 일이 아니다. 유아차를 누가 끌든 계단턱이 없는 버스 뒷문으로 승하차하며 요금을 내지 않는 것도 눈여겨볼 점이다. 일찍이 1974년 도입된 육아휴직은 진화를 거쳐 현재는 총 480일이 의무적으로 주어진다. 한 사람의 최대 사용은 390일이며, 나머지 한사람이 최소 90일을 사용해야 한다. 부부가 조율하여 반반씩 사용할 수도 있음은 물론이다. 이러한 출산친화 정책에도 불구하고 스웨덴의 출산율은 2010년 1.98로부터 2017년 1.77, 2020년 1.66, 2022년 1.52로 꾸준히 낮아지고 있다.

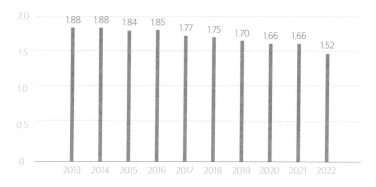

스웨덴 출산율

오늘날 많은 국가에서 저출산 문제는 분명 고령화 문제와 연결되어 있지만, 저출산으로 고령화가 촉발된 것이 아니라 백이면 백 베이비붐이라고 하는 다출산, 즉 과거의 출산 폭발에 따른 결과다. 고령화에 따른 문제를 해결하거나 완화하고자 저출산을 해결하려는 것은 실제에 있어서 해결의 효과는 미미하다고 봐야 한다. 고령화는 이미 와있으므로 그 충격을 사회가 떠안아야 하는 시차가 존재하기 때문이다. 예컨대 초저출산과 초고령화가 동시에 진행되고 있는 한국의 경우, 저출산이 다출산으로 돌아선다고 해서 당장의 고령화 문제가 해결될 수 있는 것은 아니다.

2017년 65세 인구가 전체 인구의 14%에 해당하는 고령사회에 진입한 한국은 2025년 20%를 초과하는 초고령사회가 되고, 현재 출산율은 0.7이므로 지금 당장 지속가능 인구라 일컬어지는 2.1이

된다 해도 이들이 사회로 나와 노동구성원이 되는 데에 최소 20년 +@의 시간이 소요된다. 따라서 현재의 한국적 상황에서는 초고령화는 상수이고 초저출산은 변수에 불과한 것이다. 물론 초저출산은 시간이 지나면 다시 상수가 되겠지만.

그리고 인구가 줄어드는 것은 앞서 말한 대로 소비시장의 저하, 생산인력 충원의 어려움으로 인해 지금껏 유지돼왔던 경제력의 타격으로 이어진다는 점에서 문제로 지목된다. 그런데 이러한 사고방식이라면 인구는 꾸준히 늘어야만 하는 것인데, 이 좁은 땅덩어리에서 5천만을 넘어 몇 명까지 늘어나는 것이 가능하겠나. 언젠가는 줄어드는 것을 맞닥트릴 수밖에 없는데, 그것이 바로 지금 현존하는 우리 세대가 겪는 일일 뿐이다.

지금껏 늘어나고 증가하고 확장하고 성장했던 기억을 뚜렷이 가진 현세대가 이를 바로 받아들이기는 매우 어려울 것이다. 그럼에도 나는 저출산의 흐름은 인정한 채 출산으로 인한 고용불안 요소에 대해, 육아 과정에서 회사내 눈치를 봐야 하는 요소에 대해 노동권 차원, 인권적 차원에서의 접근이 훨씬 중요하다고 생각한다. 그러한 현실이 개선되어 출산율이 오른다면 다행이고, 오르지 않아도 그냥 인정하자는 것이다.

세상은 이제 확대, 증가, 팽창, 상승 등의 흐름이 축소, 감소, 수축, 저감의 흐름으로 뒤바뀌고 있다. 이걸 인정하지 않으면 지금껏 그래왔듯이 성장 시대의 정책으로는 시대와는 다른 엇박자를 내거나 낭비를 초래할 위험이 있다. 이 위험을 줄이기 위해 우리는 현실을 인정하고 전향적인 선택과 행동을 해야만 한다.

남녀 공존을 향한 얼음 도시의 실험

아이슬란드 레이캬비크

한파가 유럽 대륙을 거칠게 스치던 2018년 1월. 이름만 들어도 한기가 느껴지는 아이슬란드 땅을 밟았다. 영하 5~10도를 오르내리던 섬나라는 나라 이름에서부터 풍기는 대로 얼음으로 덮여 있을 것만 같았다. 그런데 내 예상을 깨고 '얼음땅'이라는 이름과 조금 어울리지 않은 갈색빛 풀 옷을 덮은 채로 나를 반겼다. 해적들이 쳐들어올까봐 얼음만 있는 것처럼 보이게 하려고 아이슬란드로 이름 지었다는 이야기도 아이슬란드인의 입을 통해 귓가에 들어왔다.

한반도와 비슷한 땅 크기. 인구 약 36만 명. 인구 밀도가 세계에

아이슬란드 수도 레이캬비크 시청 앞 호수에 수많은 오리와 거위들 모습이 보인다.

서 가장 낮은 곳. 수도인 레이캬비크^{Reykjavik}를 제외한 지역은 개발의 손길이 미치지 않아 자연의 모습 그대로를 간직하고 있었다. 나는 늘 세계 지도를 끼고 살았지만, 아이슬란드는 눈에 잘 들어오지 않았을 만큼 생소한 곳이었다. 케플라비크^{Keflavik} 공항에 내려 레이캬비크로 가기 위해 버스에 올랐다. 여성 버스 기사가 생소한 느낌이 날 만큼 낯설었다.

남녀의 공존을 향한 아이슬란드의 도전

해마다 성별 격차GENDER GAP가 가장 작은 나라로 꼽히는 아이슬란드. 2017년 세계 최초로 남녀 임금차별 금지법을 통과시켜 2018년부터 시행에 들어간 곳이다. 세계 최초로 여성 대통령과 여성 총리를 배출한 나라이기도 하다.

2013년부터는 여성 할당제 비율을 40%로 정했는데, 기업의 임원은 물론 여성 장관도 적용받는 등 여성의 사회 참여가 활발하게 이뤄지고 있다. 남성의 육아휴직 사용률도 90%를 넘는다. 따라서 휴직을 하지 않는 것을 오히려 이상하게 여길 정도다.

유치원에서 고등학교까지 양성평등 교육에 대한 권고를 법에

아이슬란드 케플라비크 공항에서 레이캬비크로 가기 위해 탄 버스에서 여성 기사가 승객을 맞고 있다.

명시하고 있다. 심지어 페미니스트 교과도 존재한다. 현지에서 만난 여성들에게 기회가 될 때마다 여성이기에 불리한 점이 있느냐고 물었는데 대부분 "우리는 계속 나아져 왔고 앞으로도 나아질 것으로 확신한다"라는 말을 했다. 왜일까.

여성 2만5천명이 참여한 1975년 가사 노동 파업

아이슬란드는 사회적으로 세 차례의 분기점을 겪었다. 사실 아이슬란드 역시 남성 위주의 가부장제 분위기가 강했다고 한다. 육아와 집안일을 모두 여성이 도맡아해야 했고, 사회 참여 기회를 찾기도 쉽지 않았다.

첫 번째 분기점은 1975년 10월 24일 유엔의 날에 전국적으로 펼쳐진 여성들의 가사 노동 파업이었다. 이날 전국적으로 20개 이상의 집회가 열렸고, 규모 면에서 가장 컸던 레이캬비크 광장 집회에 약 2만5천 명의 여성이 참여했다. 당시 아이슬란드의 총인구가 22만여 명임을 감안할 때 10명 중 1명은 현장에서 목소리를 낸 셈이었다. 이로 인해 여성이 주로 일했던 유치원, 초·중학교, 마트가 문을 닫았다. 한 신문에서는 평소 찍던 24페이지 대신 16페이지만 인쇄를 했는데, 그 내용도 주로 여성 파업을 다뤘다. 여성 배우들이 출연을 거부하면서 각종 공연이 취소됐고, 항공사도 여객

1975년 10월 24일 수도 레이캬비크 광장에서 열린 대규모 시위에 여성 2만5천여 명이 참가했다.

2018년 여성의 날에 수도 레이캬비크 시내에 모인 시민들.

떠나는 도시 모이는 도시

기를 운항하지 않았다.

　남성들은 그동안 여성들의 몫이었던 육아를 해야 했고, 아이들을 데리고 회사에 나가거나, 아이들의 끼니를 챙겨야 했다. 남자들이 요리가 쉬운 소시지를 서로 먼저 사려는 통에 주요 마트에 소시지가 완판됐다는 웃지 못할 뒷얘기도 전해온다. 파업 집회는 이날 자정까지 이어졌고, 다음 날의 신문은 여성 파업에 관한 내용이 주로 실렸다. 이를 계기로 아이슬란드 사회는 각성하는 분위기가 만들어졌다. 많은 기업과 기관에서 여성이 움직이지 않으면 세상이 멈추게 된다는 것과 결국 여성들이 사회 전반에 꼭 필요한 존재라는 것을 확실히 알게 됐다.

　그 힘으로 아이슬란드사람들은 이듬해인 1976년 남녀고용평등법을 통과시켰다.

세계 첫 여성 대통령 취임이 가져온 변화

두 번째 분기점은 1980년에 치러진 대통령 선거였다. 이 선거에서 여성 후보였던 비그디스 핀보가도티르Vigdis Finnbogadottir가 3명의 남성 후보를 제치고 당선됐다. 이는 지구 역사상 민주적 선거에 의해 선출된 세계 최초의 여성 대통령이었다. 그의 어머니는 아이슬란드 국립 간호사협회의 회장을 지냈고, 아버지는 토목 기

비그디스 핀보가도티르 전 대통령의 최근 모습.

1980년 전 세계 첫 여성 대통령으로 이름을 올린 비
그디스 아이슬란드 대통령 당선인의 모습.

술자였다. 그는 프랑스와 스웨덴, 덴마크, 아이슬란드의 대학에서 공부했고, 아이슬란드의 텔레비전에 프랑스어 수업과 문화 프로그램에 꾸준히 출연하면서 시민들에게 얼굴을 알렸다. 1976년엔 북유럽 국가 문화 문제 자문위원회 위원으로 활동했고, 1978년엔 위원장에 오른다. 비그디스는 1972년 입양한 딸을 싱글맘으로 키웠다.

비그디스의 인기는 시간이 가도 식을 줄 몰랐고, 대선에서 내리 네 번 당선되며 1996년까지 아이슬란드를 이끈다. 그의 가장 큰 업적은 육아휴직을 만들어 정착시킨 것이다. 1983년에 세계 최초의 여성을 위한 정당인 우먼스리스트당에서 이 법안을 만들어 통과시켰다. 현재 아이슬란드는 9개월 동안 임금의 80% 수준을 보장해주는 유급 육아휴직 제도를 운용하고 있다. 특히 2000년도엔 남성의 육아휴직을 의무화해 여성이 3개월, 남성이 3개월, 나머지 3개월은 둘 중 한 명이 선택해서 쓰도록 했다. 2012년부터는 '3-3-3'을 '5-2-5'로 바꾸고, 가운데 2달을 부모 중 한 명이 더 신청해서 쓸 수 있도록 하는 제도를 시행하고 있다. 당연히 한 사람이 독점할 수 없는 배타적 권리로 육아휴직을 사용한다.

세 번째 분기점은 2013년 50인 이상 기업 임원 40% 여성 할당제와 2018년 세계 최초의 남녀임금 차별금지법 시행이다. 인간마다 제각기 다른 능력을 갖추고 있고, 능력에 따른 기회와 대가가 주어진다. 또 그 능력을 최고로 발휘하도록 하는 사회 구조를 만

아이슬란드 수도 레이캬비크의 한 카페에서 아빠들이 인터뷰에 응하고 있다.

들어야 한다는 전제 속에 다양한 할당제와 차별을 금지하는 법은
최근 지구상 많은 나라에서 뜨거운 논쟁거리다. 여성이라는 이유
만으로 능력이 부족한데 할당제에 기대어 혜택을 받게 되면 다른
능력을 갖춘 이들로부터 역차별이라고 하는 비판이 따르기 때문
이다. 특히나 민주주의 시스템을 축으로 움직이는 국가에서 사회
주의적 요소가 매우 강한 이런 법은 아이슬란드에서도 꽤 오랜 기
간 논쟁을 거쳐서 나왔다고 한다.

새로운 제도와 문화를 만들기 위한 노력

아이슬란드에서는 남녀의 공존에 대한 다양한 토론과 실험이 40년 넘게 이어져오고 있었다. 대표적으로 2008년 금융위기 당시 나라를 위기로 몰아넣은 원인 중 하나로 남성 중심의 경영이 꼽혔다. 그런 경영 환경이 때로는 경영상 판단에서 실수를 가져온다는 점과 구성원의 부정부패를 너그러이 봐주는 온정주의 문화를 만든다는 것이다. 아이슬란드에서는 이런 문제점에 대한 사회적 토론이 치열하게 벌어지고 있다.

또 이러한 내용이 담긴 법안을 만드는 것은 정치 영역이지만, 결정적으로 노동자와 사업주 사이의 합의가 그 밑바탕에 깔려 있다.

남녀임금 차별금지법 통과를 주도했던 보건사회부 장관 인터뷰를 위해 찾았던 아이슬란드 수도 레이캬비크에 있는 국회의사당.

아이슬란드 수도 레이캬비크의 국회의사당에서 만난 존 스타인도르 발디마르손 의원
과 대화를 나눴다.

아이슬란드 수도 레이캬비크의 의사당에서 소스타인 비그런슨 전 장관과 포즈를 취하
고 있다.

　　　　떠나는 도시 모이는 도시

현재 아이슬란드의 노동조합 조직률은 90%에 달한다. 이는 세계 최고 수준이다. 의회에서 만난 존 스타인도르 발디마르손Jón Steindór Valdimarsson 의원은 "우리나라는 노동조합의 힘이 매우 강하고 사회 변화의 중심에서 큰 역할을 해왔다"라고 힘주어 말했다.

의정 질의를 마치고 대화에 합류한 소스타인 비그런슨Þorsteinn Víglundsson 의원은 자신들이 세계 최초로 만든 남녀임금 차별금지법 이후 추구하는 방향을 설명했다. 그는 2017년 사회평등부 장관으로 남녀임금 차별금지법 통과를 이끌었고, 2017년 연말에 장관에서 물러났다.

소스타인 의원은 "대부분 나라들이 그렇듯 여성이 주로 하는 일과 남성이 주로 하는 일이 다르고 이것이 남녀의 임금과 처우 차이로 이어진다"라고 했다.

그는 "우리는 그런 직업을 가지라고 교육한 적이 없지만 어떤 이유에서인지 자동차 정비 사업소에서는 주로 남성이 일하고, 보육 기관에서는 주로 여성이 일하고 있다"라며 "보육 기관에서 여성들이 받는 임금과 정비 사업소에서 남성들이 받는 임금을 비교하면 주로 남성의 임금이 더 높다"라고 덧붙였다. 남성이 주로 일하는 산업과 여성이 주로 일하는 산업군에서의 부가가치나 사회적 중요도 역시 따져볼 것이라고 했다.

소스타인 의원은 두 가지 중 어떤 일이 더 가치가 있는지를 내게 물었다. 골똘히 생각해봤지만 어떤 노동이 더 가치 있는지 선택하는 것은 매우 어려운 일이라는 생각이 들었다. 정비 사업소는 언제든지 다칠 위험이 있고, 무거운 물건을 들어야 하고, 기름을 손에 묻혀야 한다. 보육교사는 아이들의 부족한 것을 채워주고 아이들에게 세상을 살아가는 법을 가르쳐야 하는 어려운 일이다. 무엇보다 사람을 키우는 일이다. 나는 두 가지 모두 우리 사회에 필요한 일이고, 소중한 직업이라고 생각했다. 결국 나는 선택하기 어렵다고 말했다.

그들은 이런 내 대답을 듣고 업종, 분야 때문에 생기는 격차를 어떻게 다룰지를 두고 "지금부터 사회적 논의를 시작하려 한다"라고 말했다. 이 논의가 임금 차별금지법처럼 "40년이 걸릴지 50년이 걸릴지 알 수 없다"라면서도 또렷하게 말하는 그의 눈빛에서 도전하고자 하는 지점이 어디인지, 이들이 지향하고자 하는 마음가짐이 어디를 향해 있는지를 알고 나니 이들의 평등을 향한 도전 의식이 매우 강하다는 것을 느낄 수 있었다. 그러면서 자신들은 왜 이런 현상이 일어나는지 의문을 품고 있다고 했다.

저출산의 아이러니

아이슬란드는 성별 격차를 최소화하기 위해 갖가지 노력을 해왔다. 그런 결과인지 나는 길거리와 공원, 마켓, 해안가, 숙소 등에서 수많은 아이슬란드인을 만나 물었는데, 내가 만난 대부분 여성들은 여성으로 살아가는 데 따른 장벽을 크게 느끼지 않는다고 했다.

12살 딸아이를 키우며 여행가이드로 일하는 후졸라는 아이슬란드의 여성들이 남성들보다 대졸자 비율이 훨씬 높고, 여성 할당제에 대해서도 긍정적이라고 평가했다. "회의 자리에 여성이 한 명 앉아 있으면 회의에서 한마디도 하기 어려울 것이고, 세 사람 이상이 되어야 비로소 목소리를 낼 수 있을 것이며, 네 사람이 되면 무시하기 어려운 분위기가 만들어질 것"이라고도 했다.

아이슬란드 출산율은 그런데도 하락 추세다. 2013년 아이슬란드에서 출생한 아이들은 4,326명이다. 2012년의 4,533명에서 207명 줄어든 수치다. 이 중 3분의 2가 혼외 출생이라는 점이 눈에 띈다. 2012년 출산율이 2.04에서 2013년 1.93으로 떨어진 것으로 확인되면서 아이슬란드 역시 그 원인을 찾기 위해 골몰하고 있다.

이들은 여성들이 첫아이를 출산하는 시기가 점점 늦어지는데 원인이 있다고 생각한다. 아이슬란드 통계청에 따르면 1970~80년대에 여성들의 첫아이 출산 시기는 22세 미만이었지만, 2013년 첫아이 출산 시기는 평균 27.3세다.

그리고 2015년엔 4,129명, 2016년엔 4,034명의 아기가 태어났다. 출산율은 1.75까지 낮아졌다. 같은 해 첫아이를 출산한 산모의 평균 나이는 27.7세로 2013년에 비해 0.4세가 높아졌다. 이 수치는 2018년 28.2세로 높아졌다.

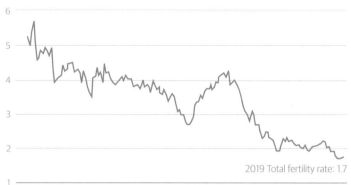

1855년-2019년 아이슬란드 출산율 출처: 아이슬란드 통계청

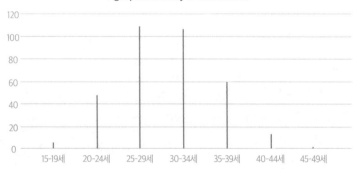

2018년 아이슬란드 여성의 출산 연령 분포. 아이슬란드 통계청

아이슬란드에서 법적으로 결혼하지 않은 부모로부터 태어나는 아이의 비율은 매년 70%를 넘는다. 2018년 기준으로, 동거 부부 사이에서 태어난 아이들은 56.4%, 싱글맘으로부터 세상에 나온 비율은 14%였다.

그러니까 첫째, 결혼을 강요하지 않고 동거 가족을 인정하는 것. 둘째, 육아휴직의 기간 확대. 셋째, 남녀가 함께 나눠쓸 수 있도록 하는 등의 강제조치는 출산율 증가를 이끌어내는 출산 정책이라기보다 출산 전후 여성이 감당해야 할 것들을 사회가 함께 해결을 위해 나서는 여성 인권정책이라고 봐야 하지 않을까. 또 여성의 인권 상황이 나아지면 출산율을 높일 수 있는가에 대해서도 다시 판단해봐야 하지 않을까.

게스트하우스 관리자인 30대 초반의 안나 안데르센Anna Andersen 은 "꽤 많은 친구들이 동거하지만 출산 계획이 없다"라며 자신도 싱글 라이프가 매우 만족스럽다고 했다.

안나는 또 레이캬비크의 집값이 올라 집을 얻기 어려운 현실은 반대로 불만이라고 토로했다. 아이슬란드를 찾는 해외 관광객이 크게 늘면서 평범한 주택을 에어비앤비Airbnb 등 렌트용으로 전환하는 바람이 불었고, 그 영향으로 현지인들이 살아갈 공간은 줄어들고 있기 때문이다.

지구촌 곳곳을 다니면서 다출산은 여성의 인권을 사각지대에 넣어놓으면 나타나는 산물이 아닐까 하는 생각과 동시에 출산율

아이슬란드 북부의 눈 덮인 시골 마을 아쿠레이리.

budget constraints meant that
authorities are not able to de-ice

unscathed. A portent for the year
to come? Only time will tell. ʊ

o featured
th was the
Agnes Sig-
light that
eceived, a
ion ISK to
th, as well
tive pay-
ion ISK.
for this
pays for
on Berg-
For com-
age rent
t in the
187,000
Bishop.

아이슬란드 신문에 솔로 여성의 삶을 그린 네 컷 만화.

아이슬란드는 대다수 공공장소에 유아차가 비치되어 있다.

을 높게 만드는 정책이란 지구상에 존재하기 어렵겠다고 생각했다. 극단적 방식은 아이를 낳으면 국가가 돈을 주는 방식인데, 어지간한 액수로는 젊은 세대가 호응하지 않을 것이다. 대부분 국가에서 추진하고 있는 출산 정책은 실제로 출산에 도움이 될 수도 안 될 수도 있다.

따라서 나는 출산율 자체를 높이는 데만 신경 쓰지 말고 결혼이나 출산으로 인해 생기는 불평등을 줄이는 데 집중하고, 그 결과로 출산율이 올라간다면 오히려 그것이 현실적이지 않을까 하는 생각도 들었다. 아이를 키우는 것이 여러 어려움 속에서 쉽지 않다는 것을 알고 있음에도 그것을 감당하겠다 마음먹고 아이를 낳고 싶어 하는 사람들은 낳을 수 있도록 지원을 강화할 필요가 있다. 특히 불임, 난임 등에 대한 국가 차원의 지원은 대폭 늘려야 한

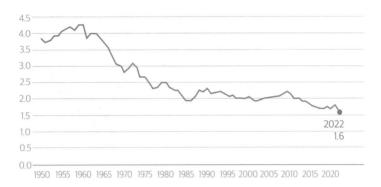

아이슬란드 역대 출산율은 지속적으로 하락하는 흐름이며 2022년엔 1.59까지 떨어졌다. 아이슬 란드 통계청.

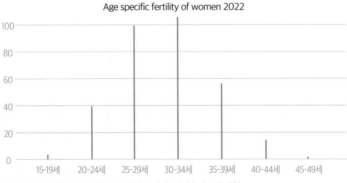

여성의 출산 연령은 지속적으로 늦춰지고 있다. 아이슬란드 통계청

최근 아이슬란드는 2021년 1.8을 기록하며 출산율이 소폭 반등했지만 2022년 1.59로 출산율이 급락하며 역사상 최저수치를 기록했다. 여성의 출산 연령도 20~24세와 25~29세 구간이 줄어들 고 30~34세 구간이 더욱 늘어났다.

다. 그리고 굳이 낳고 싶지 않은 사람들을 압박해서는 안 된다. 개인의 생각은 시대적 상황에 따라 달라지는 것이므로 여러 상황이 복합적으로 작용해 나타나는 일종의 결과적 행동이기 때문이다.

먼저 간 사람들의 길을 따르는 것은 덜 어렵다. 처음 가는 길이 늘 험하고 두려운 법이다. 인간의 기나긴 역사 속에서 출산과 육아, 가사, 생계의 전선에서 받았던 차별의 지점들을 법으로, 문화로, 교육으로 바로 잡아가고 있다.

아이슬란드가 남녀의 평등과 공존을 위해 보낸 40년의 세월과 앞으로 도달해갈 40년 세월의 끝엔 무엇이 있을까.

2 ———————————————————————

─────── 이동하는 사람들

사막의 황금 찾아온 이방인,
그들이 머무는 곳

사막에서 세계 최고의 부를 만들어 낸 두바이

필리핀 마닐라에서 비행기로 약 10시간을 이동하면 아랍에미리트UAE 두바이 국제공항에 다다른다. 비행기 가운데 자리에 끼어 한 번도 움직이지 않고 10시간을 견디고 내린 두바이는 내 삶에서 한국 땅을 벗어나 가장 긴 거리를 이동한 곳이었기에 긴장도 역시 높았다. 사막의 모래를 상상했지만 어쩐지 모래는 보이지 않았고, 번쩍이는 건물들이 즐비하게 시야에 들어찼다.

이슬람의 전통복 칸두라Kandoura를 입은 남자들이 삼엄함을 드러낸 것이 두바이 공항의 첫인상이었다. 중동 국가에 대한 환상과 이들 문화의 폐쇄성 등이 선입견으로 자리하고 있던 터라 더 그렇

사막의 부자 도시 두바이의 고층 건물 숲. 이 화려한 두바이 곳곳에는 외국에서 온 이방인들의 노동력이 녹아 있다.

게 느꼈던 것 같다.

　그리고 얼마 지나지 않아 사건이 일어났다. 입국 수속을 위해 줄을 서려는데 누군가가 지그재그로 놓인 줄을 중간에 끊고 들어가면서 질서가 엉망이 되었다. 내 앞사람까지 적어도 10명 이상이

'가서는 안 될' 줄로 들어갔고, 나 역시 무의식으로 그들을 따라 들어가려던 찰나 그 삼엄함을 뽐내던 남자들이 나를 '콕 찍어' 따라오라는 시늉을 했다. 영문도 모른 채 따라간 곳은 경찰서의 출장소 역할을 하는 공간이었다. 이들은 내게 다짜고짜 여권을 달라며, "왜 원래 서야 할 줄을 어기고 또 다른 줄을 만들었느냐"며 벌을 받아야 한다고 겁을 줬다. 나는 "내가 한 게 아니고 그저 앞사람을 따라가고 있었다"라고 설명했지만, 그들은 한사코 "두 눈으로 봤다"라며 "당신 때문에 공항의 질서가 깨졌다"라고 나를 몰아세웠다.

억울했다. 그런데 낯선 곳에서 화를 내봐야 불리할 것 같았고, 더 큰 화를 당할까 걱정이 밀려왔다. 나는 침착하게 다섯 살 수준의 영어 실력을 동원해 폐쇄회로^{CC}TV를 확인해보자고 말했다.

삼엄해 보이는 두바이 알막툼 국제공항.

영어권 국가에서 사용한 지구촌장 명함 앞 뒷면

지구촌장이라 쓰인 명함도 내밀었다. 난 거짓말을 하지 않는 사람이라고 말하며, 호소하는 눈빛으로 그들을 쳐다봤다. 실제로는 10분 동안의 실랑이였지만 마치 한 시간 넘게 실랑이한 것같이 진이 빠졌다. 다행히 다시 입국 심사를 받을 수 있었다.

무사히 수속을 마쳤지만 겪지 않아도 될 일을 겪은 후유증은 꽤 컸다. 내가 혹시 무슨 잘못을 했는지 꼼꼼하게 살펴야겠다고 다짐하는 계기가 됐지만, 여행 기간 내내 국경을 넘을 때마다 늘 가슴이 콩닥거리기도 했다.

어쨌든 공항을 나와 메트로를 타고 도심으로 이동했다. 메트로는 고가 위를 달리기 때문에 자연스럽게 공항부터 두바이 도심을 감상할 수 있었다. 메트로를 고가 위에 설치한 이유는 지하 터널을 뚫어 건설하는 것보다 예산을 줄일 수 있다는 현실적 이유도 있지만, 세계 최초, 세계 최고를 꿈꾸는 두바이의 멋진 모습을 보여주기 위한 전략이라는 말도 있다.

며칠 뒤 차를 타고 고속도로를 가는데 그 흔한 톨게이트도 보

레일 전철 밖으로 도심이 한눈에 보이는 두바이 무인 전철.

톨게이트 없는 두바이의 고속도로

이지 않았다. 직선으로 뻗은 고속도로를 처음부터 끝까지 달렸지만, 들어갈 때도, 빠져나오는 길에도 통행료 징수 게이트를 거치지 않았다. 이는 자동으로 통행료가 결제되는 스마트페이 시스템을 일찌감치 도입한 덕분이다.

위성항법장치GPS 기반의 시스템이 고속도로의 모든 차량이 특정 지점을 통과할 때 자동으로 요금을 부과한다. 일반 도로에서는 속도위반, 주차위반 차량을 대상으로 과태료를 알아서 적용한다. 위반한 그 순간 차량 등록을 한 사람의 휴대폰으로 청구서를 보낸다. 종이로 된 청구서를 집으로 보낼 필요가 없는 것이다.

두바이가 이런 방식을 채택한 것은 스마트시티라는 지향점을 실현하기 위한 노력으로 볼 수 있다. 한편으로는 인구가 적어 단속할 노동력이 부족한 이유도 있지만, 첨단화된 기술을 도시 곳곳에 적용해 다른 불편 요소들을 없애고 들어가는 비용도 줄여보겠다는 뜻이다.

두바이 밑바닥 경제를 이끄는 인·방·파·필 노동자들

UAE의 인구는 현재 1,000만 명 정도다. 이중 자국 인구는 10분의 1인 100만 명, 나머지 900만 명이 외국인들이다. 일반적으로 사람이 몰려 도시가 커지는 과정과 달리 도시를 만들기 위해 바깥에서 사람들이 몰려들었다고 보는 편이 맞을 것이다. 특히 도시의 인프라를 건설하는 과정에서 수많은 노동자가 자신의 나라에서 받는 임금보다 조금이라도 더 벌기 위해 찾아왔다.

현지에서 '인·방·파·필'(인도, 방글라데시, 파키스탄, 필리핀)로 불리는 이들은 두바이의 화려한 경제를 밑에서 떠받치고 있다. 하지만 안타깝게도 이들은 사막의 최고 부자 도시라는 두바이의 위상치고는 매우 낮은 수준의 임금을 받는 게 현실이다. 분야마다 차이가 있지만 출신 국가의 현지 임금을 고려하여 책정하는 탓에 월급이 40~50만 원에 그친다. 이는 출신 국가의 임금이 20~30만 원임을 고려할 땐 더 버는 것이 맞지만 도시 GDP에 견주면 정말 조악한 수준이다.

사업체와 노동자와의 계약을 우선시하고 정부가 노동권에 대한 개입을 최소화하며, 영주권 제도도 운용하지 않기 때문에 언젠가는 이 땅을 떠날 이들이라는 개념도 강하게 작용한다. 그나마 정부가 나서주는 것은 낮은 수준의 노동자 의료보험과 체불임금 여부를 확인하여 제재하는 것 등이다.

또한 이들은 두바이의 주택 임대료 탓에 애초에 편안하게 살 기회조차 얻지 못한다. 번 돈을 살뜰히 아껴 고향에 남겨두고 온 가족에게 보내야 하기에 자신들은 서울의 여느 고시원보다도 열악해 보이는 6인실, 10인실 이상의 쉐어룸에 머물 수밖에 없는 신세다.

두바이 티콤지역의 한 아파트. 방 하나에 2층 침대 3개가 놓여 있다.

UAE는 경제의 많은 부분을 이들 이주 노동자들에게 맡기고 있다. 택시 운전사, 호텔 식당 등의 서빙, 건물 경비, 여행가이드 등 서비스 업종과 건설 등 산업의 뿌리라 할 수 있는 영역에서 이주 노동자들의 비중은 90%를 넘는다. 이러한 구조는 바레인, 쿠웨이트, 카타르 등 오일머니로 성장하는 나라들 역시 비슷하다.

나는 두바이에 있는 동안 화려한 도시의 뒤편에서 고단한 삶을 사는 외국인 노동자들을 많이 만났다. 숙소가 있었던 티콤 지역은 많은 아파트가 사실상 이들 이주 노동자들의 숙소로 쓰이고 있었고, 그중 한 곳에 침대 하나를 빌려 며칠을 머물 수 있었다. 그 도시에서 가장 저렴한 방을 찾다가 방 두 개짜리 아파트를 가게 됐는데, 방마다 2층 침대 3대가 놓여 있었다.

내가 머문 방에는 파키스탄 출신 2명, 인도 출신 3명이 지내고 있었다. 자신의 이름을 샤히드(30)라고 밝힌 인도 친구는 내가 배정받은 침대의 2층에 살았다. 2년 전 두바이에 왔고, 주로 건설 현장에서 일하는데 새벽에 나가 온종일 일하다 저녁에 돌아와 인도의 가족들과 영상 통화를 하는 낙으로 살고 있다고 했다.

다른 침대를 쓰는 파키스탄에서 온 여성(23)은 호텔 청소원으로 일하고 있다고 했다. 다른 한 사람은 이 아파트 관리인이었다. 달방을 끊어놓고 사는 노동자들과 나처럼 며칠을 묵는 사람들을 관리하고 청소나 안내를 해주는 역할이다. 이들은 이구동성으로 말했다. 자국에 있으면 그 어떤 기회도 가질 수가 없고, 열심히 일해도 15~20만 원 정도를 만지는 게 고작이라고 했다. 그보다 두 배를 벌 수 있는 기회가 두바이에 있으니 아무리 험한 일이라도 이게 낫다는 것이다.

석유에만 기댔던 경제 체제를 뜯어고치다

UAE는 내가 여행을 시작하기 직전인 2016~2017년 세계경제포럼 WEF의 국가경쟁력 순위에서는 세계 16위에 올랐다. 이는 중동과 북아프리카 전체 지역에서 가장 높다. 안정적 정치 체제, 친기업적 시장 환경, 다양한 시장으로 진입이 유리한 위치와 잘 갖춰진 인프라 때문에 전 세계 투자자들에게 매우 매력적이라는 평가를 받고 있는 것이다.

7개의 연합 왕국으로 구성된 UAE는 수도인 아부다비가 1인당 국내총생산GDP이 10만 달러, 두바이는 4만 달러로 최상위 선진국 수준의 경제 성과를 유지하고 있다. UAEUnited Arab Emirates가 아부다비, 두바이, 샤르자, 아즈만, 움알콰인, 라스알카이마, 후자이라 등 7개 왕국의 연합체라는 사실도 현지에 도착하고 나서야 알게 됐다.

수도인 아부다비의 왕이 연합체인 UAE의 대통령을 맡고, 두바이의 왕이 부통령과 총리를 겸직하고, 다른 5개 왕국에서 장관 자리를 나눠 맡는 방식이다. 아부다비에서 나오는 오일 머니가 사실상 UAE를 일으킨 자본의 기반이기 때문에 다른 지역 왕들은 아부다비 왕의 리더십을 전적으로 믿고 따르는 편이다.

UAE에서 나오는 석유와 가스의 94%가 아부다비 산이다. 그러나 국제 사회는 이를 두바이유라고 부른다. 오일을 내보내는 창구

북미, 유럽, 아프리카, 아시아 등 전 세계의 젊은이들이 중동의 허브인
두바이로 몰려들게 만드는 창업 공간.

가 두바이 항만이기 때문이다.

　석유 관련 회사에서 관리자로 일하며 물류 계통의 창업을 준비
하고 있는 40대 초반의 영국 출신 제이든Jayden을 두바이 정부가
창업을 지원하는 HUB에서 만났다. 그는 "아부다비의 GDP에서
석유 관련 부문이 차지하는 비중이 40%를 넘는다"라고 말했다.
그런데 이 수치가 꾸준히 낮아지고 있다고 했다. 두바이 통계청에
따르면 이 수치는 실제로 2020년 29.8%까지 떨어졌다. 그럼에도
정부 재정수입에서 41.2%를 차지하며 여전히 매우 높은 수치를
기록하고 있다.

　10년 넘게 아부다비와 두바이를 오가며 일했다는 그는 "UAE는
무엇보다 비석유 부문이 경제에서 차지하는 비중을 끌어올리기

위해 최선을 다하고 있다"라고 했다. 석유 부문에 지나치게 의존했다가 국제 유가 급락 등 위기가 오면 취약할 수밖에 없기 때문이다. 다양한 분야를 발전시키기 위해 기업 활동을 할 수 있는 기반을 튼튼히 하고, 외부 시장과 연결 고리를 확대하는 것도 미래의 생존을 위한 전략인 것이다.

사실상 세금 제로(0) 등 갖가지 당근을 던지다

두바이는 아부다비처럼 석유를 생산하지 않기 때문에 애초부터 지리적 이점을 활용한 비즈니스와 관광, 교통, 부동산 등의 분야에서 경제성장을 도모했다. 하늘길과 바닷길을 열어 만들어낸 '두바이 신화'의 핵심이 바로 이것이다.

사방이 바다와 사막이었던 두바이는 개방적 시장 경제를 통해 외국인 투자를 적극적으로 끌어들였다. 중동의 거점으로 아시아, 아프리카, 유럽을 쉽게 연결할 수 있기에 이를 경쟁 무기로 삼는 정책을 펼쳤다. 그 결과 중동과 북아프리카 진출의 허브, 물류 통관과 재수출의 허브란 타이틀을 얻었다.

이를 증명하듯, 내가 방문했던 2018년 당시 UAE에 자유무역 지대는 35곳이 있었는데, 이 중 25개가 두바이에 있었다. 이 지대에는 외국인과 외국기업의 회사 소유권을 100% 인정하고, 법인세·

두바이 도심의 도로 표지판에는 산업 분야별 도시 영역을 구별해 놓은
것을 알 수 있다.

관세 면제와 외국인 노동자 채용을 무제한 허용한다.

또 100% 회사 소유권이나 능력 있는 외국인을 대상으로 하는
최대 10년의 장기비자 제도는 자유무역 지대 바깥에서도 적용되
도록 하고 있다. 제이든은 "나이 60세가 되기 전까지는 두바이에
서 지내려고 마음먹었다"라고 말했다. 창업을 비롯해 새로운 기회
를 어렵지 않게 만들 수 있고, 무엇보다 현재의 삶이 매우 만족스
럽기 때문이라고 했다.

두바이가 매력적인 이유는 또 있었다. 이런 제도가 있는 나라가
또 존재하는지는 모르지만, 내가 다녔던 전 세계 나라 중 유일하
게 법인세와 소득세를 징수하지 않았다. 한마디로 세금이 없는 것
이다.

UAE는 실제로는 법인세에 관한 규정은 있지만, 석유 및 가스 분야와 외국계 은행에 대해서만 법인세를 부과할 뿐 다른 분야의 기업과 개인에게는 세금을 걷지 않았다. 누구든지 사업을 하거나 노동을 할 때 세금이 없다는 것은 매우 강력한 매력으로 작동한다. 여기에 수익을 본국에 송금하는 과실 송금의 자유, 외환 규제로부터의 자유, 자국민 고용 의무 면제, 지역 스폰서 지정 면제 등의 조치가 뒤따른다.

세계 최대 규모의 항만과 인접한 4개의 공항, 잘 닦인 도로, 2023년까지 23개의 전용철로 설치 등 주요 물류기지로의 편리한 접근성은 전 세계 도시들과 견줘도 뒤지지 않을 만큼 훌륭한 인프라를 자랑한다. 두바이는 친기업적 시장 환경을 만들고, 주변국 접근의 편리성을 확충하고, 정치 체제를 안정적으로 끌고 가며 사람과 기업, 그리고 자본을 끌어들이기 위한 노력을 기울이는 것이다.

그럼에도 지속가능성의 문제는 늘 도시를 힘겹게 한다. 여전히 개인에게는 소득세, 양도세, 상속세 규정이 없어 세금 납부 의무가 없다. 그러나 세금이 없던 UAE도 성장세가 둔화하면서 재원 고갈의 우려가 생기자 2018년엔 5%의 부가가치세를 도입했고, 2023년 6월부터는 특정 분야 법인에만 부과됐던 법인세도 모든 법인으로 확대했다.

없던 세금이 생겨나면 기업이 문 닫으며 감소하고, 실업자가 증가하는 등의 풍선효과가 생긴다. 노동자가 유출되고 경기가 하락하며 악순환의 반복이 구조화될 위험도 있다. 끊임없이 변화되는 상황에 무에서 유를 창조한 도시를 지속할 방안은 무엇일까.

두바이 엑스포와 카타르 월드컵을 겨냥하다

비즈니스 친화 도시와 함께 오늘의 두바이를 만든 일등 공신으로 관광업을 빼놓을 수 없다.

2010년 두바이를 경유하는 이들을 포함한 방문객은 총 790만 명이었다. 그러다 2017년 방문객은 1,580만 명으로 2배로 늘었고, 2018년에는 1,600만 명을 넘어섰다. 국적별로는 인도가 200만 명으로 가장 많고, 사우디(160만 명), 영국(120만 명)이 각 2위와 3위를, 그리고 중국, 러시아, 독일 등이 50~80만 명을 기록하는 등 여러 나라에서 골고루 두바이를 찾고 있는 것으로 나타났다.

사막에 가기 위해 탄 차량에서 만난 드라이버 모혜딘(35)씨는 파키스탄에서 두바이로 온 지 7년이 됐다. 그에 따르면, 두바이는 'EXPO 2020 DUBAI UAE'를 겨냥해 약 2,000만 명이 찾는 도시를 만들겠다는 야심 가득한 계획을 세웠다고 한다. 이를 위해 두바이 정부는 2020년 10월부터 2021년 4월까지 도시 전체를 행사장으로 활용해 세계 최고의 도시 엑스포를 만들 예정이었다.

참가 국가별 국가관과 방문객들이 묵을 호텔 등이 수많은 곳에

브르즈 칼리파 건물 앞 쇼핑몰 거리를 가득 메운 해외 관광객들.

서 건설되고 있었고, 방문객들이 타고 다닐 매트로 등 교통과 도로 체계도 확장 중이어서 도시 전체가 활기를 띠고 있었다. 물론 이는 지구촌 전체에 불어닥친 신종 코로나바이러스 감염증(코로나19) 때문에 제때 열리지 못했다. 연기된 엑스포는 2021년 10월부터 2022년 3월까지 약 5개월의 기간 동안 열렸다.

모헤딘은 UAE 정부가 2020년 두바이 엑스포뿐 아니라 2022년에 바로 옆 나라 카타르에서 열리는 카타르 월드컵까지 겨냥하고 있다는데, 자신들처럼 관광 산업에 종사하는 이들에겐 앞으로 몇 년은 엄청난 기회들이 있을 것이라며 기대를 숨기지 않았다.

UAE 정부는 연간 승객 3억 명이 이용할 수 있는 공항 개발과 확장 프로젝트에도 적지 않은 돈을 쏟아붓고 있었고, 이러한 흐름으로 2000년대 초중반에 불었던 두바이의 건설 붐이 다시 일었다.

물론 도시 전체를 뒤집는 이 엄청난 작업에 필요한 인력은 가난한 나라 출신의 이주 노동자들이 차지하고 있었고, 바로 그들의 구슬땀에 의해 UAE는 또다시 화려함을 더하고 있었다.

광활히 펼쳐진 모래사막 중간에 관광객을 맞이하기 위한 레스토랑이 보인다.
이곳에서 갖가지 볼거리, 먹거리가 제공된다.

화려한 발전 속 계층 차별 해소는 여전히 숙제로

생각하면 할수록 재밌는 나라다. 자국 사람보다 9배 많은 해외 사람들을 끌어들여 도시를 만들고 그 과정에서 필요한 공공서비스를 제공해 이들이 돈을 지불하도록 하고 그렇게 받은 돈으로 수익을 낸다.

그리고 100만 명의 자국인들은 요람에서 무덤까지 세계 최고의 안락한 삶을 누리게 한다. 교육비, 의료비, 주거비를 걱정하지 않아도 되고, 심지어 유학 비용과 생활비까지 지원해주는 세계 최고 수준의 복지다. 물론 황금 수저를 물고 태어난 이들은 굳이 힘들여 일할 필요성을 못 느끼고 있고, 그런 그들에게 기성세대는 아

두바이의 팜주메이라에 있는 로스트챔버 대형 수족관.

무런 자극을 주지 못하고 있다.

어려운 사정에 처한 나라의 청년들이 낯선 두바이에서 치열한 삶을 살아가고 있는 반면, UAE 정부는 자국 젊은이들에 대한 걱정이 많아 보였다. '황금 수저'를 물고 태어나 부족함 없이 자라온 그들에게 무엇을 해야 한다고 의무를 지우거나, 무엇에 도전해보라는 것이 너무 어렵기 때문이다.

우리는 산에 올라 정상에 도달한 사람들과 같다. 많은 것들이 우리 아래에 있음을 보았음에도 여전히 더 높이 올라가고 싶어 한다. 우리가 지금까지 이룬 모든 성과에도 불구하고 우리는 여전히 더 많은 것을 이루기 위한 야망을 품고 있다. 이것이 내가 세상을 바라보는 방식이다.

전 아부다비 통치자인 고故 셰이크자이드 전 UAE 대통령의 어록이다. 그러나 이 어록에 깃든 정신은 현재를 살아가는 젊은이들에겐 그다지 큰 도전으로 여겨지지는 않는 모양이다.

현지에서 도는 얘기지만, 수용소에 죄수들이 증가하면 재정 지출이 늘기 때문에 국가 비용 절감을 위해 나라 밖으로 추방을 한다고. 특히 국가 경제의 밑바닥을 떠받치고 있는 아시아인 출신 이주 노동자들을 2등 국민으로 여기는 분위기는 쉽사리 사라지지 않을 것이라고 했다.

영국에서 온 제이든과 인도에서 온 샤히드 모두 두바이는 기회

두바이의 상징물인 부르즈칼리파 앞 인공 호수에서 펼쳐지는 야간 분수 쇼.

의 땅이라고 믿지만, 이들의 출신 국적에 따라 그 기회의 끝에 다다르는 곳은 큰 차이가 있을 수밖에 없다.

두바이를 경험하면서 이토록 자유로움을 만끽할 수 있는 중동 나라는 보지 못했을 만큼 높이 평가할 부분도 많지만, 출신 국적에 따라 너무도 다른 삶을 살아야 하는 모습을 보면서 복잡한 감정이 드는 것이 사실이다.

인류는 활발하게 섞이고 있지만, 안타깝게도 여전히 여러 계층으로 나뉘어야 하는 것일까. 여전히 인류가 풀어야 할 숙제가 참 많구나.

우리나라 역시 외국인 비율이 5% 쯤이다. 그러나 이 비율은 점차로 높아져갈 것이다. 지방경제는 소비와 생산체계에서부터 문제가 시작됐다. 소비가 붕괴되니 자그마한 식당과 소매점들이 사라지고 있다. 이후엔 생산인력이 부족해 외국인들을 지역의 생산업체에 연결하는 것이 제1순위의 업무가 된 상황이다. 우리는 외국인들과 섞이며 잘 살기 위한 준비를 하고 있는 것일까. 어떤 준비가 필요할까.

희망을 찾자,
코미디언을 대통령으로 만든 나라

우크라이나 키이우

러시아의 공격으로 동부전선이 무너지고 민간인들까지 피해를 당하는 상황이 지속되는 우크라이나. 내가 여행했던 시기에도 돈바스 지역을 중심으로 국지전이 벌어지곤 했다. 누군가는 이 전쟁을 일컬어 영토전쟁이라 말하고, 누군가는 에너지 전쟁이라 말한다. 러시아와 서방과의 긴장 상태에서 당겨진 방아쇠는 수많은 사람의 삶을 앗아가고 있다. 지리적으로 거대한 세력 사이에 끼어 적절한 대처를 요구받았던 나라지만, 내가 갔을 때 이 나라의 정치인들은 함량 미달이었음은 물론 부정부패를 위한 정치만 가득했다.

유럽을 중심으로 동유럽 끝, 러시아를 중심으로 보면 서쪽 끝.

두 번의 혁명에서 매우 중요한 역할을 했던 우크라이나 키이우 독립 광장.

어느 쪽에서 봐도 끄트머리에 낀 우크라이나. 나라 이름도 폴란드 어로는 '주변 땅'이라는 뜻이다. (우)크라이나라는 이름이 러시아 어로는 변방이라는 뜻이다. 물론 우크라이나 사람들은 이런 시각 으로 보는 것을 달가워하지 않는다.

우크라이나 하면 '미녀들이 많은 나라' 정도 말고는 아무런 정

몰도바에서 밤 기차를 타고 15시간을 달려 다음 날 오후 우크라이나
수도 키이우에 도착했다.

보가 없었다. 우크라이나의 수도 키이우Київ/Kijiu를 가기 위해 몰도
바의 수도 키시너우Chișinău에서 시베리아 횡단기차를 타고 장장
15시간을 달려야 했다. 기차표는 4만 원이 채 안 됐다.

몰도바와 우크라이나는 유럽에서 가장 가난한 나라 순위에서
1, 2위를 다툰다. 기차의 수준도 옛 소련 시절부터 쓰던 기차가 아
직도 다니고 있으며, 일부 현대식 기차가 섞여 있는 정도였다.

오후 11시쯤 키시너우를 출발한 기차는 국경을 지난 뒤 다음
날 점심시간이 좀 지나 키이우에 도착했다. 국경을 지날 무렵 세
관 요원들이 여권과 짐 검사 등을 하는데 삼엄하진 않았다. 새로
운 곳에서 느껴지는 약간의 긴장감이 감돌 뿐이었다.

보통 대중 교통비를 보면 그 나라 물가가 어느 정도인지 짐작

우크라이나는 러시아의 왼쪽 끝, 유럽의 동쪽 끝에 있다.

할 수 있다. 키이우를 처음 갔던 2018년 4월 기준, 지하철 이용료
는 5흐리브냐UAH로 우리 돈 200원 정도였다. 버스비는 3흐리브냐
다. 우크라이나의 마트에서 파는 생활필수품과 식자재 가격은 한
국의 절반 정도로 쌌다.

　　그러나 식당의 음식 가격은 경제 수준에 비해 높은 편이었다.
물가 상승률은 2014년 유로마이단 사태 이후 폭등해 24.9%를 기
록한 뒤, 2015년 43.3%로 더 치솟았다. 이후 소강상태를 보이며
낮아져 2018년 9%를 나타냈다.

우크라이나 수도 키이우의 생활 물가는 낮지만, 식당서 파는 음식 가격은 높다는 생각이 들었다.

1인당 국내총생산GDP이 4,000달러 이하지만 우크라이나 사람들을 만나보면 실제로는 그 이상이라고 말한다. 그 이유는 뭘까. 바로 우크라이나 경제에서 지하경제가 차지하는 비중이 크기 때문이다. 실제 노동자와 이들을 고용하는 기업 사이에 이면 계약이 널리 퍼져 있다. 정부에 내는 세금을 아끼기 위해 기업은 노동자에게 실제 액수보다 낮은 금액으로 노무 계약을 맺기 원한다. 노동자 역시 세금을 줄이기 위한 수단으로 유용한 방법이기에 이러한 제안을 마다할 이유가 없다.

혁명, 또 혁명… 그러나 희망은 보이지 않는다

우크라이나 경제가 지하화한 것은 정치권에 책임이 있다는 목소리가 높다. 사실 이 문제를 살펴보려면 100년 전으로 가야 하지만, 그나마 가까운 2004년의 오렌지 혁명부터 살펴보자.

당시 쿠츠마 대통령이 임기를 다하자 치르게 된 대선은 여당 후보 빅토르 야누코비치Viktor Yanukovych와 야당 후보 빅토르 유셴코Віктор Ющенко의 대결이었다. 그런데, 대선 두 달 전 유셴코 후보가 보안국 관료들과 식사 직후 독살을 당할 뻔한 사건이 일어났다. 시기가 시기인지라 이는 여당 측 또는 러시아에서 친러파인 여당 후보를 돕기 위해 꾸민 일이 아닌가 하는 의심을 사기에 충분했다. 정당하지도 않고 정의롭지도 않은 일이라 여긴 시민들은 우려를 쏟아냈다.

국민들의 엄청난 비판 여론에도 대선에서 여당의 야누코비치가 2.5% 포인트 차로 승리했고, 그대로 발표됐다. 하지만 이후에 역시 부정 선거 사례가 드러나면서 키이우를 비롯한 주요 도시들에서 대규모 시위가 벌어졌다. 선거위원회와 대법원이 나선 끝에 재투표를 시행, 결국 절반을 겨우 넘기며 유셴코 후보가 승리하며 대권을 거머쥐었다. 사람들은 이를 오렌지 혁명이라 불렀다.

유셴코 후보는 정권을 잡는 과정에서 율리아 티모셴코Yulia Tymoshenko를 러닝메이트로 지명해 선거를 치렀다. 친러 세력의 눈

2004년 오렌지 혁명 당시 키이우 독립광장에 운집한 시민들

2007년 4월 빅토르 유셴코(왼쪽) 우크라이나 대통령
이 의회 지도자들과 협상에 들어가기 전 율리아 티모
센코 전 총리와 악수하고 있다.

치를 봐야 했던 유센코 대통령과는 달리 티모셴코는 총리가 되자 친 유럽 노선 강화를 외치며 개혁 전선을 선명히 했다. 결국 이 둘은 노선 차이를 좁히지 못하고 대립하게 됐는데. 유센코 대통령은 티모셴코 총리를 해임하며, 동시에 국회를 해산한 뒤 재선거를 시행하는 등의 초강수를 둔다.

심지어 직전 대선에서 자신과 경쟁자이자 부정 선거로 낙마한 야누코비치를 총리로 임명하는 등 정국의 갈등은 극에 달했다. 이후 2008년 세계 금융위기가 터지자 급성장하던 우크라이나는 GDP가 30% 이상 곤두박질치면서 국제통화기금IMF으로부터 금융 지원을 받는 신세가 된다. 이마저도 IMF가 요구하는 구조조정을 제대로 이행하지도 못한다.

작용은 반작용으로 이어져 2010년 대선에서 다시 야누코비치 전 총리가 대통령에 당선된다. 1차 투표에서 유센코를 이기고 2차 투표에 올라온 티모셴코마저 꺾으며, 친유럽 쪽으로 기울어진 우크라이나를 다시 친러시아로 또 한 번 노선을 바꾼다. 유센코가 추진하던 나토NATO 가입은 철회됐고, 흑해 주둔 러시아 해군 철수에 대해서도 기존 2017년까지 철수하기로 했던 방침을 취소하고, 2042년까지 주둔 연장을 결정해버렸다. 이는 2014년 러시아가 피한 방울 흘리지 않고 크림반도(우크라이나 남부)를 차지하는 결과로 이어졌다. 친러파와 친유럽파가 싸우는 정치인들의 내부분열 양상은 결국 우크라이나 전체에 어마어마한 후폭풍을 가져왔고 이

2014년 우크라이나에서 일어나 유로마이단 시위 당시 희생된 사람들을 기리는 표식이 수도 키이우의 길거리에 세워져 있다.

고통은 고스란히 국민들에게 돌아가게 됐다.

무능한 정치와 역사적으로 형성된 지역주의 대결 등으로 통합과 공동체를 위한 희생 등의 가치는 우크라이나에서 사라졌다.

친러파가 실권을 장악한 뒤 EU와의 협력·협정 체결을 잠정 중단한다고 하자 국민들의 저항이 시작됐다. 그렇게 시작된 시위는 경찰과의 대치로 사상자가 나오는 등 극단으로 치달았다. 2013년 11월부터 시작된 이 시위를 막기 위해 야누코비치 대통령은 경찰의 반 시위법을 패키지로 통과시켰는데, 경찰의 불법성을 합법으로 만드는 등 민주주의 원칙을 훼손시키는 것일 뿐만 아니라 전자투표가 아닌 거수 투표로 통과시켜 입법 절차까지 무시하며 진행됐다. 격화된 시위는 2014년 2월 경찰의 무차별 발포에 이르면서

절정에 달했고, 50여 명이 사망하고 수천 명이 부상을 당하는 상황에 이르렀다. 이제 시위의 성격은 친러정책철회에서 독재정권 타도로 바뀌었으며 결국 대통령은 탄핵당하고 조기 대선이 결정됐다. 일련의 과정을 유로마이단(유럽광장) 시위라고 일컫는다.

내부혼란 틈타 빼앗긴 영토

유로마이단으로 친러정부가 실각하고 과도정부가 들어서자 우크라이나 남부의 크림반도에서는 러시아계 주민 수만 명의 집회가 시작됐다. 러시아는 이를 명분으로 2월 말 우크라이나 남부 지역의 크림반도를 합병해버린 것이다. 집회 시작과 함께 곧바로 새로운 시장이 셀프등장했고, 다음날 크림 자치공화국의 총리도 자임한 자가 셀프임명되었다. 총리는 즉각 러시아 푸틴 대통령에 크림 지역의 안정과 평화를 지키도록 지원해달라는 서한을 보냈다. 러시아 역시 못 본 척하지 않겠다고 하며 러시아군의 점거가 시작됐다. 이 과정이 불과 사나흘 만에 이루어지며 전광석화같이 완료됐다.

우크라이나 동부지역도 상황은 마찬가지였다. 과도정부에 반대하며 시위가 조직됐지만, 크림과는 다르게 우크라이나인들도 적지 않은 터라 쉽지 않은 상황이었다. 이때 친러 폭도로 지목된 이들에게 우크라이나 정치인과 청년 몇 명이 납치·토막살해당하는 끔찍한 일이 일어났다. 과도정부는 이들을 테러범으로 규정하고 즉각 군을 투입해 지역봉쇄와 치안 안정 활동을 벌였다.

그러나 뒤이어 대선에서 당선된 포로셴코 대통령은 즉각 군사작전을 개시했다. 그래서 남부의 오데사나 동부의 하르키우 등에서 반군이 진압되었지만, 도네츠크와 루한시크 등 돈바스 지역의 도시는 기어코 분리독립 투표를 성공시켜 가결을 만들어냈다. 따라서 이를 인정하지 않는 우크라이나군과 반군의 교전이 최근까지도 지속됐고, 이후 이 지역을 중심으로 러시아와 우크라이나의 전쟁으로 확대된 것이다.

유로마이단 시위 이후 5대 대통령으로 선출된 페트로 포로셴코 Petro Poroshenko는 초콜릿 과자 업체를 운영하던 중견 기업의 백만장자 오너였다. 그는 대통령에 당선되면 기업의 대표직을 내려놓겠다는 공약을 내놓았다. 그도 그럴 것이 우크라이나의 정치인들이 국회의원에 당선된 뒤에도 기업을 운영하며 사익을 추구하는 모습들이 우크라이나를 망치고 시민들의 실망을 가져온 탓이기 때문이다. 하지만 그는 내가 우크라이나에 갔을 때까지도 약속을 지키지 않고 있었다.

탄핵을 통해 대통령을 바꾸어도 별반 달라지지 않는다는 사실을 깨달은 시민들은 정치인은 다 똑같다는 인식을 굳히게 됐다. 우크라이나 시민들은 희망을 내려놓은 것처럼 보였다.

"이 도시를 떠나는 게 꿈이에요"

한편 지하경제가 포함된 임금이 300~400달러인 상황에서 젊은이들은 미래를 계획하거나 준비할 수 없다. 소련 연방에서 독립된 한때 5,200만 명(1991년)에 달했던 인구는 이후 꾸준히 줄면서 30여 년이 지난 지금 4,120만 명이다. 무려 1,000만 명이 감소한 것.

특히 해외로 이주하는 인구가 늘고, 경제 위기 이후로는 젊은이들이 출산을 꺼리는 등 여러 요인이 작용했다. 실제로 우크라이나의 많은 인구가 유럽 국가로 이동했고, 일례로 이탈리아의 이민자 중 상당수가 우크라이나인들이다.

이런 상황에서 젊은이들은 결혼과 출산보다는 나라를 떠나는 것이 꿈이기도 하다. 키이우 중심가의 식당에서 서빙 일을 하며 생계를 꾸려나가는 셰브첸코(32)는 러시아로 가는 게 꿈이다. "이미 몇몇 친구들은 이탈리아나 스페인 등에서 자리를 잡았어요"라고 말했다.

하지만 우크라이나 출신 청년들이 해외에서 잡은 일자리는 대부분 3D 일자리. 해당 나라 사람들이 일하길 꺼리는 분야다. 셰브첸코 역시 친구들처럼 유럽으로 가도 좋겠지만, 자신은 일자리를 구할 수만 있다면 모스크바도 괜찮다고 말했다.

저출산, 고령화 국가를 따져볼 때 우크라이나는 한국과 함께 높은 순위에 있는 나라다. 1990년 1.85였던 합계출산율은 2001년 한

우크라이나 수도 키이우의 한 빵집에서 만난 여성들은 스스로 생활력이 매우 강하다고 말했다.

우크라이나 수도 키이우의 길거리를 젊은이들이 걷고 있다.

때 1.07을 기록했다. 2012년 1.53까지 오르는 듯했으나 이후 다시 낮아지며 2017년 1.37을 찍었고, 이는 다시 2019년 1.2까지 떨어진 뒤 코로나19와 전쟁으로 정확한 통계를 내기 어려운 현실이지만 대략 1.2 정도로 예측된다.

이 나라의 출산율이 이렇게 낮은 이유는 무엇일까. 난 셰브첸코를 통해 5세 남자아이를 혼자 키우고 있는 보슬로브스카Inna Bohoslovska를 소개받아 이야기를 더 들어볼 수 있었다.

그 중 인상적이었던 내용은 결혼하고도 무책임하게 사라지는 우크라이나 남성들이 많다는 것이다. 심지어 결혼 뒤 출산을 했는데도 남편이자 아이의 아빠는 곁에 없고 그 결과 출산·보육은 여성들이 홀로 떠안게 되고, 여성들은 경제 자립을 위해 일자리를 찾아 나선다는 것이다. 자신의 남편도 연락이 끊긴 지 오래됐다고 했다.

우크라이나의 여성들은 학위 취득률도 남성보다 더 높고, 전체 취업 인구 중 여성의 비율이 55.7%에 이르는 등 남성 못지않게 왕성한 사회생활을 하고 있다.

이는 소련 시절 여성의 완전 고용을 목표로 했던 관성이 남아 있던 이유도 있지만, 우크라이나 사회 전체가 여성들의 자립심을 중요하게 여겨왔던 영향도 있었다. 특히 여성 취업률은 80%에 달하며, 중소기업 경영자나 관리자의 약 40%가 여성이라고 한다.

반면 고위 공직을 맡는 여성의 비율(국회의원 20% 2022년/ 정부

각료 28% 2019년)은 질적인 평가에서는 좋은 점수를 받기 쉽지 않은 게 사실이다. 임금에서도 남성의 80% 수준에 그친다. 게다가 10만 명 이상의 여성이 윤락업에 종사하고 있다는 쓸쓸한 현실도 있다.

남성이 잘 보이지 않는다?

우크라이나 남성들이 무책임하게 떠난다는 여성들의 얘기를 듣고 그 이유가 궁금했다. 여러 우크라이나인에게 물었더니 뜻밖의 대답이 돌아왔다. '남자가 부족해서'라나.

실제로 다른 나라의 침략이 그칠 날이 없었던 우크라이나는 수많은 남성이 전쟁터에 나가 싸우다 목숨을 잃었고, 이는 우크라이나 남녀 비율이 회복되지 못한 원인이다. 지금도 치러지는 전장에서 수만 명이 목숨을 잃고 있는 상황이다.

나는 우연히도 2018년 즈음 르완다에서 아프리카로 파견을 나온 우크라이나 군인을 만났다. 그로부터 돈바스에 관한 이야기를 전해 들을 수 있었는데, 당시 주로 전쟁이 벌어지고 있는 지역인 우크라이나 동남부 지역인 돈바스는 러시아와 국경을 700km나 맞닿아 대치 중이라고 했다. 국지전이 이어지며 사상자도 계속 나오고 있는 상황이라고 했다. 그는 르완다에 있다가 코로나 직전 우

우크라이나 수도 키이우의 독립 광장 건물의 외벽에 자유를 갈망하는 글귀가 인상 깊다.

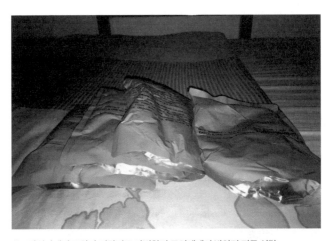

우크라이나에서 르완다 키갈리로 파병왔던 군인에게서 받았던 전투 식량.

크라이나로 돌아갔는데, 르완다에서 만났을 때 배고픈 나에게 자신의 전투 식량을 나눠주기도 했다. 러시아의 침공이 시작되자 걱정이 되어 그에게 이메일을 보내 생사를 물었는데, 다행히 살아 있다는 답신이 오기도 했다.

다시 돌아와서 실제로 우크라이나의 남녀 성비는 0.85:1로 남성이 적다. 따라서 우크라이나 여성들은 결혼을 경험한 남성을 만나는 것도 크게 개의치 않는 분위기다. 그러다 보니 우크라이나 남성들이 무책임하게 가족을 내팽개치는 결과로 나타나고 있다는 것이다.

이러한 문제를 다룬 언론 기사를 현지에서 찾으려 했더니, 오래 전부터 그러다 보니 우크라이나에서는 자연스럽게 여기고 특별한 일로 여기지 않는다는 얘기를 들었다.

볼로디미르 젤렌스키 우크라이나 대통령이 2020년 정부군과 친러시아 분리주의 반군이 대치 중인 동부 돈바스 지역 전선을 방문하고 있다.

또 하나의 이유가 있다. 우크라이나는 징병제 국가다. 2014년 우크라이나는 마지막 징병을 끝으로 더 이상 징병제를 운용하지 않겠다고 선언했다. 그러나 얼마 지나지 않아 크림반도 침공이 벌어졌고, 징병제 폐지 결정을 번복한다. 군대에 가지 않아도 된다는 결정에 환호했던 스무 살 청년들은 결국 무조건 군대에 가야만 하는 현실에 절망감을 느꼈다고 한다. 수십만의 남성들이 군대에 가 있는 현실과 그렇지 않아도 남성이 적은 현실을 고려할 때 '남자 쟁탈전'이 벌어진다는 보슬로브스카의 말에 우크라이나의 상황이 이해되기도 했다.

국내에서 결혼 상대를 찾지 못한 여성들은 외국인 남성을 만나 결혼과 우크라이나 탈출을 동시에 꿈꾸기도 한다. 따라서 이 수요를 연결하기 위해 유럽과 북미 등의 남성과 우크라이나 여성을 연결하려는 결혼 중개 회사도 성행하고 있다.

참고로 2018년 당시 한국 남성과 우크라이나 여성의 결혼 건수는 비자 발급 기준으로 한 달에 1~3건 정도라고.

나빠지는 나라 재정…출산 육아에 허덕이는 여성들

우크라이나 사회의 성비 불균형과 느슨한 가족 관념 등에서 비롯한 여성의 육아 독박 문제는 점점 심각해지지만 이를 돕는 법적,

우크라이나 수도 키이우에서 만난 청소년들. 이들은 K팝을 듣고 길거리와 연습실 등에서 댄스를 배우는 것을 좋아한다고 했다.

문화적 시스템은 잘 갖춰져 있지 않다. 소련 해체 이후엔 재원을 마련하는 데 어려움을 겪다 보니 사회 복지체계가 전반적으로 무너지고 재구축도 하지 못했다. 의료 서비스는 무상으로 제공하지만, 그 질이 평균 이하라는 게 많은 우크라이나 사람들의 생각이었다. 당연히 의료 서비스에 대한 신뢰도도 높지 않다.

국가가 교육에 쓸 수 있는 재정도 열악하다 보니 학교 운영이 어려워졌고, 교사들 역시 학교를 떠나는 경우가 늘고 있고 그러다 보니 결국 교육 체계가 무너지고 문을 닫는 학교도 많단다. 국가 전체가 끊임없이 부침을 겪다 보니 출산 육아는 여성들이 겪는 문제로 여겨질 뿐 사회가 함께 해결해야 할 문제로 삼을 만한 계기도 시도도 없다.

키이우에서 만난 보슬로브스카는 국가가 3년 동안 월 4만 원의 기본 양육비를 주지만 큰 도움은 안 된다고 했다. 보통 아이의 아빠에게 위자료를 청구하면 남자 수입의 일정 부분을 자녀가 성인이 될 때까지 주게 돼 있지만, 자신처럼 아이 아빠를 못 찾는 경우가 많아 의미가 없다고 했다.

세 번째 혁명과 전쟁

우크라이나에서는 이후 세 번째 혁명이 일어났다. 2019년 4월 진행된 대통령 결선투표에서 코미디언 출신인 볼로디미르 젤렌스키Volodymyr Zelensky가 당선된 것이다. 젤렌스키는 '국민의 종'이라는 정치드라마의 주인공으로 출연했다. 부정부패한 정치 현실과 도

부패한 정치인들을 심판하고 새로운 기대를 만들고 대통령이 된 젤렌스키.

탄에 빠진 국민의 삶을 다루지 않는 무능한 정치를 깨부수고 국민들의 선택을 받아 대통령이 된다는 설정의 드라마인데 현실이 된 것이다.

러시아보다는 다른 유럽 나라들과 가깝게 지내는 정책을 추진하겠다고 공약한 그는 친러시아파가 많이 살고 있는 동부와 남부에서도 승리하며 거의 모든 지역에서 이겼다. 이는 친러나 친서방을 떠나 우크라이나 국민들이 기성 정치권에 얼마나 실망하고 있었는지를 잘 보여준 사례로 볼 수 있다.

기존 정치인 출신의 후보들을 떨어뜨리고 젤렌스키가 당선된 것은 앞선 두 번의 혁명보다 더 큰 기대감이 반영돼 있다. 키이우는 과연 젊은이들이 떠나려 하는 도시에서 돌아오고 싶은 도시로 바뀔 수 있을까.

여행을 한 이후 코로나19가 세계를 뒤덮고, 세계 경제에도 타격을 주고 있는 러-우전쟁이 발발했다. 우크라이나를 침공한 명분은 나토가입을 막기 위해서로 알려졌지만, 그간의 서방측 제재와 함께 이면엔 에너지 전쟁이란 말이 있을 정도로 첨예한 구조다.

전쟁 발발 직전인 2022년 3,760만 명 정도로 추정되는 우크라이나 인구는 전쟁 직후부터 약 2,070만 명이 나라를 떠나 이웃 국가를 포함한 해외국가로 떠난 것으로 파악되고 있다. 사실상의 난민이다. 최근 전쟁이 소강상태에 이르며 1,200만 명이 되돌아온 것으로 알려졌지만 전쟁이 길어질수록 떠난 이들이 돌아오지 않고 해외에 장기 체류할 가능성이 커진다. 그러면 거의 1,000만 명에 달하는 인구가 유출된 것으로 귀결된다.

이 전쟁통에서도 우크라이나 고위직들의 부정부패는 계속된다. 뇌물을 받고 전선 투입을 빼주는 건 기본이고 전쟁물자 대금을 빼돌리기도 한다. 공동체를 우선하는 마음이 없는 이들이 자리를 차지하고 국가적 생존이 달린 일에도 개인의 이익을 취하고 적발된다.

최근 현재까지 빼앗긴 땅을 러시아 땅으로 귀속시키고 전쟁을 멈추자는 중재론이 고개를 들고 있다. 그러나 젤렌스키는 잃어버린 땅 모두를 수복하겠다는 뜻을 분명히 하고 있다. 땅을 빼앗긴 채 전쟁을 멈추면 미래세대는 또다시 러시아의 침략과 살상으로 고통을 받으리라는 것이 이유다. 지금의 기성세대가 끝장을 보겠다는 일념이다. 그리고 또 다른 곳인 팔레스타인 가자지구에서 폭탄이 터지고 사람들이 죽었다. 시선이 분산되고 우크라이나로 주목됐던 관심은 조금씩 식고 있다. 이제 이 나라의 운명은 어디로 가는 것일까.

전쟁은 모든 것을 앗아간다. 승리해도 상처뿐이다. 하루속히 전쟁이 종결되고 다시 평화가 깃들길 바란다.

차가운 공기를 가르는 시베리아 횡단열차

러시아의 흥망성쇠 역사를 안고 달리는 횡단열차
청년은 일자리 찾아 해외로, 노인은 연금 의존도 커져

세계에서 가장 큰 땅을 가진 나라 러시아. 영토의 끝에서 반대편 끝까지 직선 길이가 무려 7,700km에 달한다. 남-북 길이도 2,880km다. 그냥 엄청나게 크다.

　러시아는 큰 땅덩어리처럼 다채로운 이야기가 존재했다. 특히 시베리아 횡단열차를 타고 러시아를 가로지르는 것은 누구나 머릿속에 그려본 낭만 체험이다. 특히 한반도 남북의 허리를 가로지른 철책선을 뜯어내면 서울에서 열차를 타고 블라디보스토크를 경유해 하바롭스크, 이르쿠츠크, 노보시비르스크, 예카테린부르크, 모

모스크바의 랜드마크 크렘린궁과 붉은 광장.

스크바를 지나 베를린까지 가는 여행도 가능할 날을 꿈 꾼다.

　　종종 수학여행이나 소풍의 스케일이 달라지면 젊은이들이 꾸는 꿈의 크기도 달라질 수 있다며 정치인들의 비전을 설명하는데 동원되는 바로 그 시베리아 횡단열차. 인생에 한 번쯤 타보고 싶은 열차로 많은 이들의 버킷리스트에 올라 있을 것이다. 시베리아 횡단열차를 타기로 마음먹은 것은 역시나 그 체험을 해보고 싶어서였다. 동시에 러시아 도시 탐구를 위해 이동을 해야 했는데, 항공기·버스 등과 비교해도 비용 대비 효과 면에서 더없이 저렴한 교통수단이었기 때문이다.

러시아인들이 가장 많이 이용하는 코스는 모스크바~블라디보스토크 노선Trans-Siberian Railway이다. 약 9,300km의 길이에, 지나치는 역만 850개에 달한다. 7박 8일 동안 164시간 이상을 여행하는 일정이다. 열차 종류에 따라 정차하는 역과 머무는 시간도 다르다. 내부 시설이 좋은 1등 칸(2인실), 2등 칸(4인실), 3등 칸(6인실)까지 티켓 가격에 따라 제각각 다른 환경을 겪어볼 수 있다. 물론 버킷리스트 실현을 위해 열차를 타는 사람들은 해외에서 온 외지인들이다. 현지인은 주로 교통수단으로 열차를 타기 때문이다.

연해주 한인들이 강제로 이주당할 때 타기도

시베리아 횡단철도는 19세기 러시아(당시 소련)가 동진 정책으로 얻은 영토를 개척하면서 그 땅의 활용과 항구의 필요성, 군사적 요충지로 떠오르며 그 중요성이 부각됐다.

1891년 황제였던 알렉산드르 3세의 칙령으로 공사에 들어갔고, 1904년 러일전쟁 등 우여곡절을 겪으면서도 1916년 모든 구간을 개통했다. 1937년 이오시프 스탈린은 중일전쟁이 일어나자 블라디보스토크를 중심으로 연해주의 한인들을 중앙아시아로 강제이

시베리아 횡단 열차의 객차 승무원과 함께 기념사진을 찍었다.

주 시켰는데, 이들이 탄 열차가 바로 시베리아 횡단열차였다.

당시 겨울철 추위는 물론이고 음식이나 화장실 등 열차 내부의 위생 환경이 나빠 이동 중 목숨을 잃은 이들이 많았다. 희생자는 주로 노인들이었다. 지금은 러시아를 비롯한 중앙아시아 곳곳에 '고려인(현지에선 까레이스끼라 불림)'이라는 이름으로 살아가는 50만 명의 한인 2세, 3세, 4세들이 많다.

러시아 당국은 모스크바를 중심으로 인구가 늘어나고 있는 현실이기에, 동부 영토의 인구가 줄어드는 것을 막기 위해 다시 동진 정책을 쓰며 동부 쪽으로 사람들이 옮겨가도록 하려고 안간힘을 쓰고 있다. 예컨대 이주자들에게 농지 약 3,300m^2(1,000평)를 무상 제공하는 식의 유인책을 제시하는 것 등이다.

이름도 얼굴도 모르는 선조들의 구슬픈 사연을 잠시나마 떠올리며, 앞으로 과연 남북이 화합과 공존의 시대를 열고 이 기차를 부산에서 출발시킬 수 있을지, 아니면 영영 그 기회는 만들지 못한 채로 지금처럼 로망으로만 품을지에 관한 생각을 머릿속에 반반 채워넣고 기차에 올랐다.

러시아 사람들이 흠뻑 빠진 한국의 도시락 라면

처음엔 설렘과 함께 광활한 시베리아를 달리면 눈에 가득 들어차는 자작나무 숲이나 풍광이 경이로움을 선사해 기분이 매우 좋았다. 자연에 푹 빠져 있다가 앞자리의 낯선 사람들과 도란도란 얘기를 나누고, 오래 머무는 역에선 열차에서 내려 체조도 하고 어두워지면 잠을 청했다.

　언뜻 단조로워 보이는 횡단열차 여행에서 뜻밖의 즐거움은 바

도시락 라면은 시베리아 횡단열차 여행객이라면 꼭 먹어봐야 하는 필수 음식이 됐다.

로 네모난 도시락 라면이었다. 어릴 때 많이 먹었지만, 지금은 수 없이 많은 라면 중 하나가 된 그 라면이 러시아에선 가장 인기 있는 인스턴트 음식으로서의 존재감을 뿜어내고 있을 줄이야. 도시락 라면은 횡단열차의 필수품이라고 한다. 혹시라도 미리 챙기는 것을 깜빡하더라도 중간중간 멈추는 역 플랫폼에 설치된 매점에서 쉽게 살 수 있으니 걱정 안 해도 된다.

이 도시락 라면은 1990년대 초 부산항과 블라디보스토크를 오가던 러시아 선원들에 의해 러시아로 퍼지기 시작했는데, 우리나라가 국제통화기금IMF으로부터 구제금융을 받았던 1998년, 러시아는 모라토리엄(국가 부도)을 선언하며 국가적 위기 상황에 직면했었다.

상당수 해외 기업들이 러시아 철수를 선언하는 상황에서도 도시락 라면을 만든 한국의 '팔도'는 계속 러시아 생산시설을 가동하겠다는 방침을 정했다고 한다. 이에 대해 '의리를 지킨 회사'라는 이미지가 생겨나고 퍼지면서 더 큰 사랑을 받게 됐다고 한다.

시베리아 횡단열차를 탄다면 도시락 라면을 반드시 맛보시라. 뜨거운 연기와 함께 애국심이 끓어오르는 것을 느끼게 될 것이다. 후루룩~

길고 긴 여정에 몸은 계속 이상 신호를 보내고

설렘도 잠시. 시베리아 횡단열차가 안겨주는 낭만은 15시간이 되자 뜻하지 않은 고통을 동반했다. 허리가 아프기 시작했고, 이틀째가 되자 코피가 났다. 실내 난방 때문에 스팀을 계속 틀어야 했고, 건조해진 실내를 환기할 방법이 없었기 때문이다. 건조한 공기 속에 승객들이 타고 내릴 때마다 신발 먼지를 옮겼다. 방으로 된 1등 칸과 2등 칸은 공기 상황이 나을지 모르지만 내가 탄 3등 칸은 정말······.

그 안에서 숨을 쉬는 것은 정말 고역이었다. 결국 목이 붓고, 코도 견디질 못하면서 몸에 강한 신호를 보냈다. 오랜 여행으로 이미 몸의 균형이 깨져가는 데도 열차를 타고 계속 가기는 쉽지 않았다. 모스크바에서 열차를 타고 카잔에서 내려 이틀을 묵고, 또 타고 가다 옴스크에서 내리는 등 중간에 내려 컨디션을 회복하는 시간을 가져야 했다. 그런데도 시베리아 횡단열차에서 다양한 사람들을 만나 친구가 되고, 대화할 수 있다는 것은 또 다른 묘미라고 생각했다.

2018년과 2019년에 걸쳐 여러 구간에서 시베리아 횡단열차를 탔는데 가장 기억에 남는 이는 60대의 드미트리 블루도프 씨였다. 공교롭게도 그는 평창 동계올림픽 로고가 새겨진 가방을 갖고 있어 한국 얘기를 하며 자연스레 말동무가 될 수 있었다.

열차를 타고 15시간 이상 달리면서 코피가 나기 시작했다.

2018년 러시아 월드컵이 열린 도시 카잔. 카잔아레나에서 한국은 독일과 경기를 치렀다.

저력의 러시아는 지금도 강대국인가

러시아를 가기 전까진 이종격투기 선수 예멜리야넨코 효도르와 블라디미르 푸틴 대통령 외엔 딱히 아는 러시아 인물도 없었다. 냉전 시대가 끝났지만, 미국이나 유럽의 강대국들과 여전히 자존심 싸움을 하고 있는 것으로 봐선 '저력이 있구나' 정도로 생각했는데 실제 여행을 하며 묘한 매력이 넘치는 나라라는 생각이 더해졌고, 소매치기와 이민자로 질서가 어지러워지고 있는 웬만한 유럽 국가들보다 치안이 더 좋다고 느껴졌다.

2018년 4월. 경기장이 있는 도시들은 두 달 뒤인 6월에 열릴 월드컵에 찾아올 손님맞이에 한창이었다. 횡단열차도 세계 각국의 유명 축구선수들과 팬들, 정치인들이 열차를 타고 러시아 곳곳을 둘러보게 될 것을 준비하고 있었다. 국제 정치 무대에선 푸틴 대통령이나 러시아가 월드컵을 통해 좋은 국가 이미지로 개선하고, 서방과 껄끄러웠던 관계가 어떻게 변화할 것인가 등이 관전 포인트였다.

말동무가 된 드미트리 씨는 러시아를 못 마땅히 여기는 미국이나 서방 국가들이 싫다고 했다. 그러면서 러시아는 그 어떤 방해가 있어도 꿋꿋이 갈 길을 고수할 힘이 있다고 목소리를 높였다.

1970년대 후반, 러시아 정부는 원하는 국민에게 공짜로 600제곱미터(m^2)의 땅을 나누어줬다고 한다. 사람들은 그 땅에 텃밭을

월드컵으로 몰려올 손님들을 맞기위해 푸르른 잔디를 깔고 있는 러시아 노동자들

시베리아 횡단열차가 다니는 철길을 따라 오밀조밀 모여있는 다차들.

가꾸며 주말에 가족이나 친구들과 시간을 보낼 별장(러시아 말로 '다차'라고 일컫는 작은 집)을 지었다.

다차는 러시아 사람들에게 '여유'를 상징한다고 했다. 모스크바 외곽에만 다차가 1,000만 채가 넘는다고 한다. 실제로 시베리아 열차를 타고 가다보면 자연풍경뿐 아니라 오밀조밀 모여 있는 다차들을 볼 수 있다.

"서방의 견제와 제재에도 버텨온 러시아가 자랑스럽다."

드미트리 씨의 논거는 이렇다. 1억4,000만의 러시아 인구를 포함한 12개 독립국가연합CIS, Commonwealth of Independent States 소속 국가들의 인구는 3억 명에 달하고, 세계에서 가장 많은 13억 인구를 지닌 중국과 국경을 맞대고 있기에 경제 시장 규모가 상당하고, 무엇보다 서방의 각종 경제 관련 제재가 있었음에도 러시아가 무너지지 않고 버텨내면서 강인한 내성을 갖게 됐다는 것이다.

대외적으론 1~2% 내외의 국내총생산GDP 성장률을 보여 내수와 인근 국가들의 시장으로도 충분히 견뎌낼 체력이 있다는 것이다. 오히려 러시아라는 큰 시장을 향해 벽을 쳐놓은 유럽연합EU이 손해를 보고 있다는 게 드미트리 씨의 주장이다. EU 회원국들이 자신들의 상품을 러시아와 인근 국가들에 팔아야 하는데 못 팔아

창밖을 보는 드미트리 씨. 평창올림픽 로고가 새겨진 가방.

손해를 보고, 반면 러시아는 그런대로 버티고 간다는 것이다.

드미트리 씨와 대화를 하며 그동안 우리 역시 러시아에 대한 소식을 접할 때 늘 서방의 시각에서 다루는 내용(언론보도)을 그대로 받아들였는데, 이들의 입장과 시각도 반영된 종합적인 시야를 갖기 위해 노력해야겠다는 생각이 들었다. 특히나 외교에 있어서는 국익과 직결돼 더욱 중요할 수 있다.

러시아 청년들 결혼 꺼리고 캥거루족 늘어

한편 러시아 경제가 내성을 키웠다곤 하나 승승장구한다고 볼 수는 없다. 특히 청년 세대들의 어려움을 접하면서 그런 생각은 더 확실해졌다.

2019년 다시 찾은 러시아의 시베리아 횡단열차에서 크리스티나(당시 23세)를 만났다. 그는 대학에서 영어교육 전공으로 졸업했지만, 러시아에서 취직할 곳이 마땅치 않아, 중국 베이징北京의 어린이집에서 교사로 취직해 아이들에게 영어를 가르치고 있다. 크

크리스티나에게 화투 치는 법을 알려주고 헤어질 때 화투를 선물로 주었다.

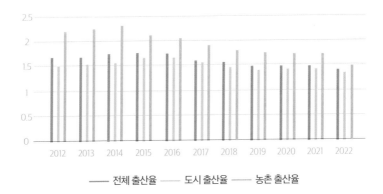

러시아 총 출산율(여성 1인당 태어난 자녀의 수)

— 전체 출산율 — 도시 출산율 — 농촌 출산율

러시아 출산율 추이. 계속 낮아지고 있고, 현재는 1.4를 기록하고 있다.

리스티나는 러시아 이르쿠츠크 고향 집에서 직장이 있는 베이징까지 횡단열차를 타고 이동 중이었다. (참고로 횡단열차의 여러 노선 중 모스크바–베이징 노선도 있다) 자신뿐 아니라, 많은 친구가 러시아에서 일자리를 찾지 못해 해외로 눈을 돌리고 있다고 귀띔했다.

나는 그녀에게 화투 치는 방법을 가르쳐주며, 화제는 연애와 결혼으로 이어졌다. 러시아에선 그동안 고교 때와 20대 초반에 연애를 많이 해본 뒤 결혼하고 아이를 낳는 것이 일반적이었다고 한다.

하지만 최근 첫아이 출산은 평균 25세 정도로 늦춰졌고, 특히 모스크바는 그 시기가 다른 지역과 비교해 더 늦다고 한다. 높은 집값과 임대료는 청년들의 월급 수준으로는 감당이 어렵다는 게 가장 큰 이유라고 하니 많은 나라의 청년들 상황과 비슷하다는 생각이 들었다.

그래서 부모 집에 얹혀사는 청년들이 눈에 띄게 늘었다고 한다. 실제 모스크바에서 취업하는 러시아 청년들의 첫해 월급은 4만 5,000루블(약 90만 원) 선이라고 한다. 물론 모스크바의 전체 평균 임금은 한 달에 9만5,000루블(약 190만 원) 수준이지만 이것 역시 고소득자까지 포함된 수치라 착시 효과가 있을 것이라는 게 크리스티나의 설명이었다.

가장 크고 부자 도시라는 모스크바가 이 정도인데 지방도시 상황은 훨씬 나쁠 것이라는 생각이 들었다. 옴스크의 경우 교사 월급이 3만 루블(약 50만 원 정도)도 안 된다고 하니, 지방도시들은 모스크바와는 딴 세상이라고 할 만하다.

러시아 청년들은 해외로, 주변 국가 청년들은 러시아로

그런데 러시아 주변국 젊은이들은 꾸역꾸역 러시아를 찾는다. 아무리 러시아의 일자리 사정이 안 좋다고 해도 자신들의 국가보다 사정이 나으니 어쩔 수 없는 선택인 것이다. 그리고 음성적으로 싼 임금에 일을 맡길 수 있는 외국 청년들을 선호하는 흐름도 존재한다. 그러다 보니 러시아 젊은이들은 일자리 부족과 더불어 노동의 질은 지속적으로 낮아져 취업을 포기해버리는 현상으로 이

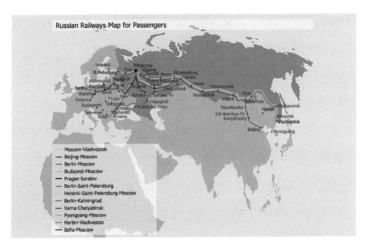

Russian Railways Map for Passengers

- Moscow-Vladivostok
- Beijing-Moscow
- Berlin-Moscow
- Budapest-Moscow
- Prague-Saratov
- Berlin-Saint-Petersburg
- Helsinki-Saint-Petersburg-Moscow
- Berlin-Kaliningrad
- Varna-Chelyabinsk
- Pyongyang-Moscow
- Harbin-Vladivostok
- Sofia-Moscow

시베리아 횡단열차의 노선도.

어지고 있다.

러시아 청년들의 결혼이 늦어지고, 출산율 역시 하락하고 있는데, 조금씩 상승하던 출산율은 2015년 1.77명으로 정점을 찍고 2017년 1.62, 2020년 1.50으로 낮아졌다. 결국 푸틴 대통령은 출산장려 정책을 대대적으로 펴기 시작했다.

2019년 발표된 출산율 지원 정책은 러시아의 소득 수준에 비하면 파격적이라는 평가까지 나온다고 한다. 그만큼 절박하다는 얘기다. 내용은 이렇다. 첫째 아이 출산 때 1년 6개월 동안 1만500루블(20만 원)을 매달 지원한다. 출산 수당 이후엔 아동수당도 있다. 둘째 아이 출산 때 별도로 주었던 일시금 정책은 원래 2018년까지만 하기로 했는데 2021년까지 연장했다. 지원금도 45만3,026루블(90만 원)로 이들의 임금 대비 높게 책정됐다. 이외에도 육아 시설을 늘리기 위해 예산 규모도 키워가고 있다.

하지만 크리스티나는 이런 당근 정책에도 젊은이들은 시큰둥하다고 했다. 아이를 낳아 얻는 행복과 즐거움보다 아이 없이 사는 게 더 큰 행복과 즐거움이 있다고 생각한다는 것이다. 이런 가치관의 변화와 사회경제적으로 자신들의 앞날에 대한 전망이 밝지 않다고 생각하는 러시아 청년들의 얘기를 들으면서 한국 청년들의 상황이 꽤 비슷하다는 생각이 들었다. 크리스티나는 또 최근 중국 자본이 러시아로 많이 들어오고 있기는 하지만 그렇다고 일자리가 많이 생기는 것 같지는 않다고도 했다.

러시아의 출산율은 전쟁 이후 2021년 1.50, 2022년 1.41을 기록하며 하락을 면치 못하고 있다.

노령인구 늘지만, 연금 줄 돈 모자란 푸틴…개혁 시도했지만

러시아 월드컵이 한창이었던 시기, 나는 러시아를 유랑하고 있었다. 2018년 6월 국민들의 이목이 러시아 월드컵 개막전으로 쏠리는 틈을 타 푸틴은 연금개혁안을 상정했다. 2010년 65세 이상의 인구 비율이 1,800만 명 남짓이었으나, 8년 만에 2,000만 명이 넘어 인구의 14%가 노인인 고령화사회로 진입하면서 부담이 커졌

정말 다양한 술이 즐비했다. 러시아 남성들은 담배와 보드카를 즐겨서 일찍 사망하는 편이라는 말이 나올 정도다.

기 때문이다.

러시아 남성의 평균 수명은 여성의 평균 수명보다 10년이나 짧다. 러시아 남성이 여성보다 빨리 사망하는 이유는 알코올 중독, 흡연, 결핵, 비만 등 만성질환 때문으로 알려져 있고, 사회주의 시기에 구축해놓은 무상의료는 시민들이 손사래를 칠 정도로 의료의 질이 악화되어 있다.

77세의 평균 수명을 가진 여성들의 은퇴 연령은 55세이며, 평균 수명 67세인 남성들의 은퇴 연령은 60세다. 산술적으로는 여성들은 평균 22년 동안, 남성들은 평균 7년 동안 연금을 받는 셈이다. 문제는 과거보다 세금을 꼬박꼬박 낼 노동 인구는 줄어들고 그만큼 정부는 거둬들이는 세금이 줄고 있다. 따라서 연금을 받아야 하는 노령인구는 늘고 젊은 세대가 이들의 노후를 위해 부담해야 할 짐은 더 무거워지고 있다.

당시 푸틴이 내세운 개혁안은 여성 은퇴 연령을 2034년까지 55세에서 63세로 늦추는 것이며, 남성 은퇴 연령은 2028년까지 60세에서 65세로 늦추는 것이 핵심이었다. 문제는 평균 수명이 짧은 남성들의 경우 쉬지도 못하고, 연금도 별로 못 받는 등, 평생 일만 하다 죽으라는 거냐며 불만이 터져나온 것이었다.

결국 월드컵이 끝난 뒤 여론의 거센 반발이 일었고, 남성의 은퇴 연령을 65세에서 63세로 조정하는 것으로 막을 내렸지만, 러시아의 경제 상황과 전망은 시베리아 벌판에 매서운 찬 바람이 불어오는 듯했다.

"한국과 러시아가 손을 잡고 공동 정부 만들자?"

러시아는 유럽 등 서방 진영과는 대립각이 세워져 있고, 끊임없이 새로운 활력을 도모하고 있다. 중국 자본의 확충이 러시아 내에서 이루어지고 있지만 탐탁지 않게 생각하고 있다. 한국과 한국의 기업들이 러시아로 들어와 중국을 견제해주면서 러시아와의 동반성장의 동력이 되어주었으면 하고 바라지만 미국과의 동맹관계를 고려해야 하고, 또한 국제 사회의 제재국면 속에서 한국이 이를 무시하고 움직이기도 쉽지는 않은 상황이다.

이러한 가운데, 동토의 땅 시베리아 벌판에 한국과 러시아의 공생 국가를 만들자고 주장하는 학자가 있다. 블라디미르 수린 박사인데, 이런 연구를 2005년부터 시작하여 연구 성과를 2008년 서울에서 발표한 적도 있다.

모스크바 당국의 시선도 그렇지만, 수린 박사는 아예 러시아 동부의 빈 영토와 자원을 제공하고, 한국의 인구와 기술력, 자본을 끌어들여 경제, 사회적 가치를 만들어 양국의 비전을 위한 공동 정부를 추진하자는 구상인 것이다. 러시아 내에서 수린 박사의 주장이 어느 정도의 무게감을 가지는지 정확히 알 수 없지만, 내게는 꽤 흥미로운 상상을 해볼 수 있는 계기가 되었다.

지구를 돌며 많은 사람을 만나고, 그곳에서 일어나는 이야기들을 들었다. 사람 사는 이야기, 번영하자는 이야기, 누가 누구를 욕하는 이야기, 누굴 사랑하는 이야기.

평생을 살아가면서 희로애락이 있고, 생로병사가 있다. 지구의 중심은 지구를 살아가는 인간 수만큼, 아니 생명체의 수만큼 많다. 같지만 다른 이야기들, 생략될 수 없는 이야기들. 그런 이야기

해가 진 뒤 모스크바 도심의 모습.

들을 품고 지금, 이 순간도 달리고 있을 시베리아 횡단열차를 추억하며.

러시아는 우크라이나가 나토에 가입하려하자 이를 반대한다는 명분으로 전쟁을 일으켰다. 2022년 2월 24일 시작된 전쟁은 군인들은 물론 민간인 희생자들을 대거 발생시키며 사람들을 고통 속으로 몰아넣고 있다. 지도자의 잘못된 판단과 결정때문에 선량한 시민들의 희생은 없어야 할 것이다. 하루빨리 시베리아 땅에 평화가 찾아오길 기도한다.

*루블화의 표기는 2018년과 2019년 방문 시점을 기준으로 했고, 현재 루블화의 가치는 더욱 하락했기 때문에 글 속에 표기된 화폐 가치와는 차이가 있을 수 있다.

벽을 문으로 바꾼 결정,
600년 잠든 도시가 깨어나다

깨어나는 실크로드

역사적으로 도시의 번성을 이끄는 가장 핵심적 요소가 있다면 바로 물이다. 인류의 4대 문명으로 일컬어지는 인더스, 메소포타미아, 황하, 나일 문명 모두 강줄기를 따라 태동했다. 현재의 도시들도 물줄기를 중심으로 형성된 곳들이 많다.

또 다른 하나는 길이다. 그 옛날 실크로드처럼 사람의 이동과 물자의 수송이 쉬운 길과 길이 만나는 지점이 그렇다. 사람이 모이고 번성하는 곳은 자연조건과 더불어 경제적 가치의 창출이 따라붙었다. 어쩌면 오늘날의 도시는 자연조건을 넘어선 도시들, 이를테면 두바이의 탄생은 예외적이다. 그러나 두바이의 경우 경제적 가

우즈베키스탄 사마르칸트^{Samarkand} 레기스탄 광장^{Registan Maydoni}의 쉐
르도르 마드라사^{Sher-Dor Madrasa}, 1636년 바하도르 왕 때 지어진 이슬
람 교육기관.

치를 만들기 위해 하늘길을 여는 공항을 건설하고 물류의 수송이 수월하도록 항만을 거점화했다. 천혜의 자연조건을 갖추진 않았지만, 하늘과 바다의 길을 만듦으로써 지리적 이점을 극대화해서 가치를 만든 것이다.

경제 번영을 위한 도시 간의 경쟁은 물과 길이 없다고 해서 포기할 수 없다. 도로나 다리를 놓거나, 터널을 뚫는 것처럼 없는 길을 만드는 방법이 있다. 길은 번영을 가져올 유일한 열쇠는 아니지만, 꽤 중요한 역할을 하는 것임엔 틀림이 없다. 도시로 사람과 자본을 끌어들이기 위한 전 세계도시들의 치열한 수 싸움은 이렇듯 길을 통해 진행 중이다.

실크로드와 함께 흥망성쇠를 경험하다

실크로드라고 불리며 우리의 뇌리에 각인된 사마르칸트도 길에 의해 번성한 도시였다. 우즈베키스탄에서 타슈켄트 다음으로 큰 제2의 도시 명맥을 유지하고 있지만 과거의 영광은 역사 속에 묻힌 상태다.

사마르칸트는 기원전 7세기에 건설되어 15세기까지 여러 부침을 겪으면서도 번영을 누렸다. 동서양을 잇는 다리 역할을 한 도시였던 만큼 문화와 경제를 꽃피웠던 실크로드의 대표 도시라는

우즈베키스탄 사마르칸트에서 유적지로 가는 트램 정류장이 따로 있지 않고 도로 위에서 타고 내린다.

평가를 받는다.

기원전 329년 마케도니아의 알렉산더 대왕이 정복해 페르시아와 그리스의 문화가 융합되어 헬레니즘 문화가 융성했다. 712년에는 아랍의 우마이야 왕조에 점령당했고, 이후에도 아랍 민족의 지배를 받으면서 미술 등 예술이 크게 발전했다.

여러 풍파 속에서도 길의 힘 때문에 상업 도시로써 명성을 쌓아나가던 사마르칸트는 1220년 복수를 위해 공격해온 칭기즈칸에 점령당한다. 도시는 파괴되었고, 명성은 잊혀가는 듯했으나 14세기 후반에 등장한 티무르 왕조가 이곳을 수도로 정해 도시의 부활을 알렸다.

지금까지 전해지는 건축물과 찬란한 문화는 사실상 티무르 제국에서 꽃을 피우게 된 것이다. 사마르칸트는 2001년 유네스코 세계문화유산으로도 등재되었으며, 현재 우즈베키스탄의 대표 관광지로 다시 태어나고 있다.

철권 통치 카리모프 대통령, 국경을 닫다

도시는 길에 의해 흥망성쇠의 중심에 서게 된다. 14~15세기에 최고의 도시로 번영을 누린 사마르칸트는 당시 두 번째 동방의 르네상스라고 불릴 정도였지만, 이후 쇠퇴한다. 티무르 제국의 멸망과 함께 해양 제국들이 등장하면서 바닷길이 열리며 주요 교역로를

소련 해체 이후 25년 철권 통치의 상징 카리모프 대통령의 동상이 사마르칸트에 세워졌다.

대체하게 된 점과도 무관하지 않아 보인다. 냉전 시대를 거치며 과거의 명성으로부터 점차 멀어져 갔고, 국가와 국가 사이의 역학 구도와 지정학적 요인, 독재와 쇄국정책 같은 정치적 요인 등으로 이제는 역사 속 도시로만 남게 됐다.

특히 소련 해체 이후 독립된 우즈베키스탄을 이끈 카리모프 대통령은 25년의 철권 통치 기간 국경을 걸어잠그고 부정부패, 안디잔 학살, 언론 통제, 부정 선거 등의 풍파를 남겼고, 2016년 9월 뇌출혈로 사망하자 자신의 고향인 사마르칸트에 묻혔다.

주목할 것은 이후 정권을 잡은 미르지요예프 대통령에 의해 그동안 닫혀 있던 국경이 열리기 시작했다는 점이다. 중앙아시아 일대를 통일하고, 거대 제국으로 활약했던 티무르 제국의 후예. 장장 600년 동안 잠을 자다 깨어나는 우즈베키스탄은 앞으로 어느 방향으로 흘러가게 될까.

대우차 빼고 타사 브랜드 차량을 내쫓다

카자흐스탄을 거쳐 우즈베키스탄에 갔던 2018년 5월은 덥다는 표현보다는 뜨거웠다는 말이 어울렸다. 카자흐스탄 최남단 사라가쉬Saryagash에서 국경을 넘는 데는 30분도 안 걸렸다. 우즈베키스탄 국경을 담당하는 세관 직원들은 한국말로 "안녕하세요"라고 환영

우즈베키스탄 사마르칸트 시내 지하철 역사 내에 걸려 있는 미술 작품들. 벽 자체가 예술이다.

인사를 했다.

국경에서 흙길과 아스팔트가 섞여 있는 오묘한 도로를 빠져나와 타슈켄트 시내까지 이동하는 20~30분 동안 달리는 차들이 온통 쉐보레(대우)였다. 택시, 미니버스(다마스), 큰 버스 모두 낯익은 브랜드 대우의 다마스, 마티즈, 스파크였다는 사실이 흥미로웠다.

택시는 4명이 다 타야 출발하고 가장 비싸지만, 그마저 우리 돈으로 1,000원이 안 된다. 내가 탄 다마스는 8인승이었는데, 요금은 2,000숨 당시 우리 돈 270원에 불과했다. 8명을 꽉 채운 다마스는 승객들을 타슈켄트 옛 시가지에 있는 초르수 바자르^{Chorsu Bazaar}로 데려다주었다.

대우자동차(지금의 GM)는 우즈베키스탄에 진출한 이래 시장 점

국경을 넘는 포장 상자와 냉장고

너무 흔한 다마스와 스파크

유율 90% 이상을 유지해오고 있다. 가끔 다른 자동차 브랜드 차량도 보였지만 눈을 씻고 찾아야 1~2대 겨우 보일 정도였다.

전임 대통령 시절이었던 2010년 GM 차량을 뺀 다른 나라 자동차 회사에 세금을 매기겠다는 방침으로 해외 브랜드 차량은 이웃 나라 카자흐스탄으로 대거 쫓겨났다. 당시 우즈베키스탄이 얼마나 폐쇄적이었는지를 상징적으로 보여주는 사례다.

실제 환율과 암달러상 환율은 두 배 차이

우즈베키스탄의 평균 국민소득은 2,000달러가 안 된다. 소득 수준이 낮으니 경차를 주로 구매할 수밖에 없고, 많은 경우 승차 공유 플랫폼인 얀덱스YANDEX에 등록해 택시 운전을 한다. 우리에게선 잊혀졌지만 지나다가 만난 국민 경차 티코가 참 반가웠다. 택시비는 저렴하다. 도심을 끝에서 끝까지 가도 우리 돈 2,000원이면 가능하기에 어렵사리 버스와 지하철을 갈아타지 않아도 된다. 물론 등록하지 않고 영업하는 불법 택시를 이용하면 더욱 저렴하게 이용할 수 있다.

우즈베키스탄에 가서 무엇보다 깜짝 놀란 것은 환율이다. 국경의 환전소에서 50달러를 환전한 나는 돈뭉치를 받아들고는 어찌할 바를 몰랐다. 돈다발의 가치는 작았지만, 마치 엄청나게 큰돈을 받아든 것처럼 심장이 쿵쾅거렸다. 물론 이 돈은 나흘 동안 숙박비, 교통비, 식사비로 충분했지만, 돈을 낼 때는 뭉텅이 지폐가 빠져나가기 때문에 어쩐지 아깝다는 생각이 들기도 했다.

현금이 늘 부족해 우즈베키스탄 은행 앞의 현금 지급기 앞은 사람들로 붐빈다.

상황이 이렇게 된 배경에는 우즈베키스탄의 환율 시장이 통계로 잡히는 공식 환율과 암달러상이 주도하는 시장 환율로 나누어져 있었기 때문이다. 공식 환율과 시장 환율은 그 격차가 두 배에 달했을 정도로 차이가 컸다. 이를테면 공식 환율이 1달러에 4,000숨이라면 암달러상과의 거래 때는 8,000숨을 받을 수 있었다.

환율 정책을 바꿨지만, 경제는 혼란 속으로

이중 환율이 지배하고 있던 우즈베키스탄의 경제는 개혁을 요구받고 있었는데, 보다 못한 미르지요예프 대통령이 2017년 9월 환율개혁 방안을 발표했다. 암달러상이 주도하는 시장 환율이 더 좋아서 자연스레 시장으로 들어가는 외화를 시장이 아닌 은행으로 되돌리게 하려는 목적이었다.

이 개혁 조치는 1달러에 4,000숨이었던 공식 환율을 없애고, 시장 환율이었던 8,000숨을 공식적으로 인정하는 것이 핵심이다. 그 결과 화폐 가치가 내려갔고 기업 가치도 절반으로 떨어졌다. 물가 상승률은 2016년 5.6%에서 2017년 14.4%로 세 배 가까이 뛰었다.

반면 일하고 받는 급여의 가치는 반으로 폭락했다. 기업들은 수

환전상에게 50달러를 줬더니 우즈베키스탄 화폐 한 다발이 돌아왔다.

입하는 물자 대금을 이전보다 두 배의 가격으로 지급해야 했다. 이는 수출 기업들엔 기회였지만, 기본적으로 수출보다 수입이 많은 우즈베키스탄의 상황에서는 이마저도 상쇄되는 효과를 보지는 못했다.

나는 먹을 것을 구하기 위해 들른 마트에서 환율의 실상을 생생히 봤다. 사람들이 장을 보기 위해 현금다발을 종이 가방에 가득 담아왔고, 이 돈다발은 장바구니를 채운 내용물과 교환되었다. 우즈베키스탄 사람에게서 들은 얘기 중엔 냉장고를 사기 위해 차 트렁크와 뒷좌석에 돈을 가득 채워넣고 가서 값을 치른 사례도 있었다.

해외 자본 유치를 위해 규제를 없애다

우즈베키스탄 정부가 환율 단일화와 함께 취한 개혁 조치는 하나 더 있다. 외국기업들에 대한 각종 규제 요소를 없앤 것이다.

대표적으로 환전과 송금 문제의 어려움을 풀어줬다. 2017년 9월 외환 자유화의 조치가 있기 전까지는 환전과 해외 송금에 대한 제한이 많아 기업 활동은 위축될 수밖에 없었다. 대외 과실 송금 제한을 폐지하는 동시에 2년 동안 세무조사 유예, 국제 입찰 수주에 대한 절차를 간소화하는 조치들이 잇따르면서 외국자본의

조식을 포함한 하루 숙박비가 8,000원 정도인 숙소에서 제공한 푸짐한 조식.

투자가 늘기 시작했다.

유럽 은행에 따르면 2016년까지 전혀 없었던 대우즈베키스탄 투자가 2017년 6,900만 유로를 시작으로 2018년엔 3억 9,700만 유로로 확대되었다. 여기에 더해 산업 특구 9개, 의약품 특구 7개, 농업 특구 2개, 관광특구 1개를 지정, 총 19개의 산업 특구를 운영했는데, 투자 금액에 따른 토지세, 소득세, 사회보장세 등을 감면하는 등 세금 혜택을 줬다.

우즈베키스탄은 현재 섬유, 농업, IT, 자동차, 보건 의료 분야를 집중적으로 육성하고자 관련 정책에 대한 지원을 확대하고 있다.

우즈베키스탄 경제 정책의 개방과 함께 국경을 열면서 관광 산업의 활성화에도 노력을 기울이고 있다. 특히 주목할 정책은 기존

한국인에게는 발음상 철수 바자르로 불리는 초르수 바자르 내부 모습. 바자르는 한국말로 재래시장.

'선先비자 후後방문' 정책을 없애고 무비자 관광 입국을 늘리고 있다는 것이다.

2018년 2월 한국, 터키, 일본 등 7개국을 시작으로, 2019년 2월엔 호주와 아르헨티나를 포함한 유럽 국가들 45개국으로 대상을 확대해 총 64개 나라 국민을 대상으로 무비자 입국이 가능하도록 했다. 이 밖에도 미국, 베트남, 인도 등 전자 입국 비자를 발급하는 등 비자 발급을 간소화했다. '관광 발전 구상 2019~2025'라는 이름의 정책은 대통령령에 종합적으로 담겨 있다. 2017년 관광 산업의 비중이 2.3%였던 우즈베키스탄은 이를 5%까지로 확대하고, 숙박 시설과 교통망을 재정비하는 등 지원 대책도 추진하고 있다.

호텔 3등급엔 객실당 약 4,000만 숨(4,800달러), 4등급엔 6,500만 숨(7,800달러)을 지원해서 2021년까지 약 1,500개 이상의 호텔을 짓는 것이 목표였다. 아울러 국내 교통 티켓을 온라인에서 예약할 수 있는 교통 시스템 통합 전자 포털을 구축하는 등 2017년 250만을 기록한 관광객 수를 2025년까지 900만 명으로 늘리겠다는 계획이다.

이웃 나라 국경이 열리자 웃는 카자흐스탄

600년 넘게 잠자던 우즈베키스탄이 깨어나면서 뜻밖의 길목 특수를 누리는 도시도 생기고 있다. 바로 이웃 나라 카자흐스탄의 남부 도시 쉼켄트다. 쉼켄트는 알마티, 아스타나에 이은 제3의 도시로 옆 나라 우즈베키스탄 수도인 타슈켄트와 불과 120km 떨어져 있다.

우즈베키스탄 사마르칸트를 관광 도시로 만들기 위한 공사들이 곳곳에서 벌어지고 있다.

이곳은 2011년 63만 명이었던 인구가 꾸준히 늘면서 최근 100만 명을 넘어섰다. 카자흐스탄 정부는 2019년 7월 쉼켄트시 개발을 위한 포괄적 계획을 세우면서 쉼켄트~타슈켄트를 잇는 A2 고속도로를 재정비하고 21km의 구간을 연장하는 방안을 포함시켰다.

분야별로 진행되는 이 계획은 2023년까지 89개 프로젝트에 32억 달러를 투자한다. 2만794개의 아파트와 319개의 복합주거단지 건설, 2,350명을 수용할 수 있는 학교 15개 신설, 스포츠 경기장 재건축 등을 통해 2018년 52억6,000만 달러였던 쉼켄트시 생산 규모를 2023년까지 92억1,000만 달러로 증가시키는 것을 목표

카자흐스탄 국경도시 사라가쉬의 유라시아 시장.

로 했다.

쉼켄트에서 봉고 버스를 타고 남쪽으로 1시간 넘게 달리면 우즈베키스탄과 국경을 마주하고 있는 사라가쉬라고 하는 작은 시골 도시가 나온다. 카자흐스탄의 구석에 있던 사라가쉬는 최근 들썩이고 있다. 오랜 기간 쇄국 정책을 펴던 우즈베키스탄이 개방화로 방향을 틀면서 그동안 벽으로 존재했던 공간이 문으로 바뀐 것이다.

사라가쉬는 더 이상 카자흐스탄의 구석이 아닌, 두 나라의 가운데에 있는 중요한 곳으로 그 위상이 바뀌고 있었다. 길이 뚫리자 가장 먼저 활발해지는 건 역시 시장이다. 카자흐스탄 쪽 국경 바로 앞 볼품없는 시장은 컨테이너 상점이 대거 들어서며 탈바꿈됐다.

시장 이름은 '유라시아 홀세일 바자르ЕВРАЗИЯ ОПТОВЫЙ БАЗАР'로 우리말로 하면 유라시아 전 품목 판매 시장이다. 얼마 전까지 1층 짜리 컨테이너 상점들만 있었지만, 지금은 2층까지 상점들이 차지하고 있다. 시장의 면적도 넓어지고 있다. 카자흐스탄에서 만드는 선풍기, 냉장고, 텔레비전 등 공산품들이 국경을 넘어 우즈베키스탄으로 향하고, 우즈베키스탄의 농산물이 길을 통해 카자흐스탄으로, 또 길을 넘어 러시아까지 가고 있다. 길이 열리면서 만나게 된 풍경이다. 국경 지역 시장 사람들의 웃음소리가 커지고 있다.

3 ──────────────────────────────

——— 도시의 집중과 팽창

인구 절반이 텐트에서 사는 도시

경제는 성장 중… 주거 환경은 최악인 울란바토르

2019년 2월. 몽골에 도착하자마자 향한 곳은 수도 울란바토르 중심에 있는 중국대사관이었다. 중국 비자를 받아야만 이후 중국 일정을 소화할 수 있기 때문이다. 매주 3회(월, 수, 금) 오전만 업무를 본다는 사실에 당황스러웠다. 오전 9시 25분에 도착하니 이미 줄이 40m가량 늘어서 있었다.

　울란바토르는 전 세계의 수도 중 가장 추운 곳으로 꼽힌다. 겁없이 양말을 한 겹만 신고 갔다가 발가락이 얼어붙은 채로 3시간 넘게 기다려 겨우 대사관에 들어설 수 있었다. 내 앞으로 사람들이 계속 끼어들었다. 일찍 와서 순서를 기다린 건 아무 소용이 없

몽골 수도 울란바토르 외곽의 게르 촌에 사는 사람들은
상하수도, 난방시설 없이 겨울을 나야 한다

었던 셈. 아는 사람들끼리 서로 자리를 맡아주고 하는 걸 봐서는 이것이 몽골의 문화이겠다 싶었다.

한국도 사실 얼마 전까지 은행 가면 번호표도 없이 기다리는 사람들 때문에 줄이 엉키고, 버스에 욱여넣어지던 모습이 떠올랐다. 아~ 울란바토르 사람들도 그 시기를 거치고 있구나 하는 생각이.

나는 현장에서 받은 신청서를 꼼꼼히 작성한 뒤 준비해 온 서류(중국에서의 초청장, 인아웃 티켓, 통장 잔고, 몽골 비자 사본 등)를 제출했다. 그런데 아뿔싸! 창구 직원이 퉁명스럽게 서류가 완벽하지 않다며 내 서류를 반려했다.

허탈함을 곱씹고 있는 와중에 마주친 24세 몽골 청년 바타르씨와 그의 친구들하고 조금 더 얘기를 나누었다. 애초 몽골과 중국

매주 사흘 그것도 오전만 업무를 보는 주몽골 중국대사관 여권발급소 앞은 비자 발급을 바라는 사람들이 아침부터 찾아와 북적인다.

사이엔 비자 면제 협정이 체결되어 몽골인은 비자 없이도 중국을 갈 수 있었다. 그런데 중국대사관에 이렇게나 많은 사람이 줄을 서고 있는 까닭은 무엇일까. 바타르는 중국으로 유학을 하러 가려는 사람들 때문이라고 했다. 방문 비자가 아닌 학생 비자를 받기 위한 것. 몽골은 사회 곳곳에 아직 1990년대 이전의 사회주의 제도가 남아 있는데 교육 분야가 대표적이다. 유치원부터 고교 과정까지 학비가 무료이다. 게다가 대학도 1년에 100만 원도 들지 않는다. 대학 진학률은 80~90%에 이를 만큼 높지만, 의무교육이 끝나는 9학년 이후 더 이상 학교에 다니는 경우가 많지 않다.

몽골은 인구 350만 정도로 비교적 작은 나라다. 그렇기에 몽골인들은 언제든 국경을 맞대고 있는 러시아나 중국 등에 동화되어 사라질 수도 있다는 걱정을 하고 있다. 그럼에도 지하자원에 기대어 나라 살림을 꾸려가는 상황에서 젊은이들은 반드시 외국어를 배워야 한다는 인식이 널리 깔려 있다고 한다.

가장 많이 쓰고 비중이 큰 외국어는 한국과 마찬가지로 영어. 그리고 러시아어, 중국어가 뒤를 잇고 있다. 최근엔 일본어와 함께 한국어의 중요도도 높아지고 있는 상황이다. 자연스레 한글을 배우려 하는 이들도 꾸준히 늘고 있는데, 이는 한국에 유학하러 가려는 수요와 함께 외국인 노동자 개방에 인색한 일본이나, 월급이 적은 러시아나 중국보단 한국에 가서 일자리를 찾으려는 이들이 늘고 있기 때문이다.

울란바토르에서 한국말 쓸 때 조심해야 하는 이유는

수도 울란바토르에는 공식적으로 집계된 인구만 120만이 넘고, 등록되지 않은 인구와 외국인 등을 더하면 140만 명 이상이 살고 있다고 한다. 그런데 이중 한국에서 일했거나 유학을 다녀온 사람들이 많아 40만 명 이상이 한국을 알거나 관심이 있다고 한다. 실제 몽골에선 한국말을 하지는 못해도 알아듣는 이들이 꽤 있으니 말을 조심해서 해야 한다는 주의 사항도 있다.

울란바토르에서 일하는 사람들의 평균 월급은 약 1백3십만 투그릭으로 대략 우리 돈 40만~50만 원 선이다. 일자리는 구하려면 없는 것은 아니지만 월급이 충분치 않다고 여기는 이들이 많고 삶의 만족도가 높지 않다. 그러다 보니 젊은이들이 외국에 나가 일하려 한다. 국제통화기금IMF으로부터 여러 차례 자금 지원을 받을 정도로 몽골 경제 상황이 좋지 않다고 하지만, 그래도 전체적으로 상승세를 타고 있는 것은 분명하다. 버는 수준은 거기서 거기인데, 버는 족족 소비로 연결된다. 저축 개념이 없기도 하고.

울란바토르 시내에는 한국의 이마트가 2개의 지점을 운영하고 있었다. 이마트를 찾았을 때 쇼핑객 수를 보고 깜짝 놀랐다. 게다가 CU 편의점도 동네 곳곳에 점포를 확장하고 있었다.

몽골은 생활에 필요한 제품의 절대다수를 수입에 의존해야만 하는데, 몽골 기업이 해외 브랜드와 손을 잡고 몽골 내수 시장으

울란바토르 시민들이 출근하고 있다.

몽골 청년들이 수도 울란바토르 시내의 편의점 테이블에서 라면과 삼각김밥을 즐기고 있다.

로 끌어들이는 경우가 많다. 한국 브랜드인 CU 편의점 역시 몽골 기업의 제안으로 들어온 사례다. 상품 진열대에 한국산 식품들이 진열돼 있고, 평소 삼각김밥과 컵라면을 먹는 몽골인들을 보니 한국인지 몽골인지 헷갈릴 정도다.

우리 입장에서야 기업의 해외 진출은 반가운 일이지만, 반면 현지에서는 대형마트 입점으로 기존 재래시장이 파괴되는 현상이 나타나고 있다. CU 편의점의 등장은 기존 골목 가게들이 생존의 문턱을 넘기 어려운 상황에 부닥치게 만들었고, 어쩌면 대한민국의 마트 수출과 동시에 우리가 겪었던 대형마트 vs 골목상권의 대결 구도 역시 그대로 이식하는 것 아닌가 하는 생각도 들었다.

해외에서 돈 벌어 귀국한 이들이 소비를 주도하다

몽골에서 만난 기억에 남는 이들 중 줄라Zultsetseg와 만레이Manlai 부부가 있다. 이들은 해외로 가려는 몽골 청년세대들이 늘고 있는 흐름을 대변하듯 몽골 학생들의 중국 유학을 돕고 현지에 연결해주는 회사를 운영하고 있다. 두 사람의 사업체는 중국의 10여 개 학교·유학원과 연결돼 있고, 그 규모는 계속 확대되는 중이라고 했다.

산업과 사업의 확장, 그리고 경제성장 등에 관한 얘기를 나누다

울란바토르에서 해외 유학 관련 사업체를 운영하는 줄라와 만레이 부부.

보니 대화 주제가 자연스레 출산율 이야기로 옮겨갔다. 1970년대 중반까지 평균 7명 이상을 낳았던 몽골의 연간 출산율은 1976년 도에 6명대로 떨어졌고 이후 꾸준히 하락해 2002년에는 2.14명까지 떨어졌다.

그렇지만 2010년부터 연간 경제성장률이 15% 이상을 찍으며 규모가 커지고 출산율도 2014년 2.81까지 꾸준히 올랐다. 최근엔 2.9(2020년)까지 기록했다. 특히 이런 수치 증가에는 한국 등 해외에서 돈을 벌어 경제적으로 여유가 생긴 몽골인들이 귀국해 국내에서 적극적으로 소비하는 성향과도 연관이 있다는 해석이 나온다고 한다.

매년 몽골 인구의 1%가량인 3만여 명이 한국에서 노동자로 살고 있다. 이들이 고향으로 돌아와 집을 사거나 가게를 차려 사업

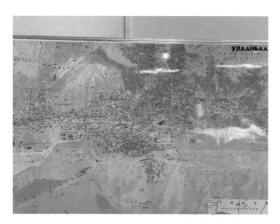

길쭉하게 형성된 도시 북쪽으로 게르들이 엄청난 속도로 불어나고 있다.

에 나서는 경우가 많다는데, 울란바토르 시내에만 한국인이 운영하는 식당을 포함해 한식을 파는 가게가 100개 넘게 성업 중이라고 한다. 인구 규모를 감안하면 너무 많다는 게 현지인들의 반응이었다. 한국의 자영업 포화상태가 몽골에서도 재현되고 있는 셈이다. 또 기골이 장대한 몽골 남자들이 한국에서 주로 이삿짐센터 등에서 일하며 노하우를 쌓고 돌아와 이삿짐센터를 창업하는 사례도 쉽게 접할 수 있다.

몽골의 인구가 350만으로 적지만, 1960년대 100만 명이 채 되지 않았음을 감안하면 그야말로 폭풍 성장이 이뤄진 셈이다. 몽골 인구는 머지않아 400만 명을 달성할 것으로 보인다.

인구증가는 국가 경제 규모를 키우고 성장의 발판이 되지만 크고 작은 문제점들도 가져오고 있다.

특히 교육 영역에서의 과밀화가 그렇다. 울란바토르의 학교들은 대개 1학년부터 12학년까지 구성돼 있다. 학급당 최소 40명에서 많게는 60명까지 묶여 있고, 과밀 학급으로도 해소가 안 돼 2부제 또는 3부제를 하고, 심지어 책상 하나를 3명이 함께 쓰기도 한다. 물론 여기엔 자식들을 좋은 학군의 학교에 다니게 하려는 부모의 교육열이 보태진 측면도 있다. 반면 상대적으로 부유한 집 아이들이 다니는 사립학교는 과밀화가 적다.

게르촌의 등장과 세계 최악의 공기 질

나라 전체 인구의 절반가량이 수도인 울란바토르에 살다 보니 '게르촌'(빈민가)의 규모가 빠르게 커지는데 이 존재가 현재 몽골과 울란바토르의 문제점을 압축적으로 보여주고 있다.

게르는 대대손손 수천 년을 유목민으로 살아온 몽골 사람들의 전통적 주거 형태다. 둥근 모양의 텐트인데, 200만 원이면 구매할 수 있다.

그런 게르들이 초원이 아닌 울란바토르 외곽의 산 위에 설치되는 이유는 무엇일까. 불과 10~15년 전만 해도 게르촌은 없었다고 한다. 그러나 최근 도시 인구 자체가 늘고 있고, 추위를 이기지 못한 가축들이 얼어죽거나 먹이를 찾지 못해 굶어죽을 위기에 처한

게르촌에서 산을 두 개 더 넘으면 쓰레기장이 있다.

유목민들도 도시로 향하는 흐름이 생겨난 것이다.

　몽골말로 조드_{djud}라고 하는데, 엄청난 혹한으로 인해 가축들이 산 채로 얼어 죽는다. 소, 말, 양, 염소, 낙타를 5축으로 총 6천만 두나 보유한 유목민들은 이들이 재산의 전부다. 공장식 축사를 하지 않고 유목을 하기에 구제역에서 자유롭지 않아 수출은 하지 못한다. 오래전 일이지만 1944년의 조드는 꽤 유명한 일화로 당시 700만 두의 가축이 죽었고, 근래에 들어서는 2010년 서·북부에 있

13세기 천하를 호령했던 몽골인들은 그때를 잊지 못하고 있다.

밤새 생 석탄과 타이어를 태우는 게르촌의 존재는 조금만 돌아다녀도 옷에 탄 냄새를 베게 한다.

는 옵스 지역에서 영하 55도 이하를 장장 55일 동안 기록한 조드로 인해 200만 두가 죽었다. 비가 와야 할 때 오지 않아 물이 말라버려, 동물들에게 물을 먹이려 10km를 이동하기도 한다.

기록적인 수가 죽기도 하지만, 기록되지 않는 가축의 죽음도 많아 그렇게 터전을 버리고 도시로 몰려든 결과 울란바토르의 외곽 산은 나무가 아닌, 게르와 벽돌집이 생기게 된 것이다. 도심 내로 들어와 월세를 감당하는 것보다는 당연히 월세 부담이 없는 게르 생활을 택하게 되지만, 함께 감당해야 할 것이 수도와 전기의 혜택을 대체로 볼 수 없다는 점이다. 따라서 마을 곳곳에 설치된 우

몽골 수도 울란바토르의 상징인 수흐바타르 광장 전경. 저 멀리 하늘이 뿌옇게 보인다.

물에서 물을 길어다 사용해야 하며, 지하수를 아끼기 위해 이따금 그마저도 사용이 금지되는 날도 있다.

게르촌에서 아이들을 교육하고, 마을 여성들의 일감 찾기를 돕는 단체 '몽골의 미래'를 찾아 졸자야zolzaya 대표로부터 현재 몽골과 울란바토르가 맞닥뜨린 상황에 대해 들을 수 있었다.

울란바토르시는 폭증하는 인구 문제가 심각해지자 주민등록을 더 이상 받지 않고 있다. 그렇다고 여러 문제가 사라지는 것은 아니고 시 당국은 물론 정부 입장에서도 이를 어떻게 해결할 것인가 골머리를 앓고 있다고 한다.

울란바토르를 뒤덮는 검은 연기의 정체는

가장 큰 문제는 뭐니 뭐니 해도 공기 오염이다. 산으로 둘러싸인 분지형의 도시여서 공기의 이동이 쉽지 않고, 게르촌에 사는 사람들은 추위를 견디기 위해 석탄과 나무, 쓰레기 등을 계속 태운다. 여기에서 나오는 검은 연기가 도시 전체를 뒤덮고 있다.

오후 6시만 되면 탄 냄새가 도시에 진동하는데 이를 오타라고 부른다. 특히 태우는 시간이 긴 폐타이어는 1개당 500원이면 살 수 있어 소득이 없는 게르촌 사람들에겐 더없이 좋은 연료다.

도시 인구 60% 이상이 모여 살고 있는 게르촌에서 집마다 난방을 위해 폐타이어를 비롯해 여러 물질을 마구잡이로 태우고 도로에는 오래된 자동차들이 매연을 뿜어내면서 숨쉬기 힘들 정도의 나쁜 질의 공기를 만들어낸다. 그럼에도 마스크 제공 등 별다른 대책도 없어 해마다 공기 오염에서 비롯한 사망자 수만 1,500명을 넘을 정도다.

정치인과 공직자의 부정부패도 심각하다. 이를테면 시내에는 짓다 만 건물들이 여럿, 눈에 띄는데, 상당수가 건축 비용이 어디론가 증발해버린 경우다. 몽골의 국회의원들은 대게 기업의 최고경영자CEO나 언론사의 대표를 함께 맡고 있고, 심지어 대통령도 여행사 등의 기업을 운영한다.

각종 사업 허가 등은 이권 다툼으로 변질되고 정치인과 공직자들의 공익은 저 멀리 두고 오직 각자 주머니만 열심히 채우려 하는 상황이 안타깝게 되풀이되고 있다.

게르촌에 아이들을 위해 지어지던 학교와 유치원 역시 공사가 중단됐고, 게르촌의 열악한 주거 상황 해결을 위한 대규모 임대주택 10만 채 보급 사업도 중간에 뒤집혔다. 이것만 계획대로 된다면 게르촌의 도시 빈민 40만 명이 좀 더 나은 삶의 터전을 얻을 수 있고, 참기 힘든 공기 오염의 늪에서 벗어날 기회를 얻었을 텐데 말이다.

게다가 여러 국회의원이 직접 언론사를 운영하고 있다는 점도 고개를 갸우뚱거리게 했다. 특히 이들은 객관성을 멀리한 채 자신

게르촌에서 아이들 교육과 여성들의 각종 활동을 돕고 있는 졸자야 대표

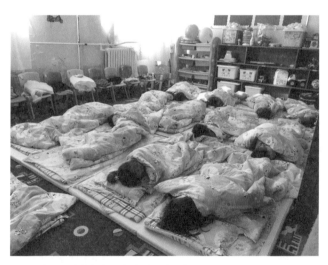

제대로 된 돌봄 시설이 없는 게르촌에서 민간단체 '몽골의 미래'는 아이들을 돌보고, 교육하는 기능도 맡고 있다.

에게 유리한 기사를 만들어내는 데 힘을 쏟고 있기에 겉으로는 민주주의 국가라는 몽골의 실제 모습은 반쪽짜리 민주주의라는 비판이 내부에서 나오고 있는 중이다.

반쪽 민주주의의 근거는 또 있다. 이원집정부제를 채택하고 있는 몽골은 특정 정치 세력이 총리와 장관 등 내각을 차지하면 상당수의 공무원들을 교체한다. 이전 정부가 해놓은 사업도 손쉽게 뒤집힌다. 국가 운영의 안정성 면에서 볼 때 좋지 않은 상황이고 국민들은 정부를 쉽게 믿지 못한다. 더구나 공공 조직이나 공인들은 자신의 이익을 챙기느라 부정부패가 나타나도 나 몰라라 한다고 한다.

몽골 전체 인구의 절반이 몰려있는 도시 울란바토르. 그리고 도시 인구 2명 중 1명이 게르촌의 열악한 환경에서 살고 있는 이 도시의 운명은 어떻게 될 것인가.

유럽은 아우성, 식민지의 역습

유럽의 발코니 드레스덴에서 만난 시위대

독일에서 체코로 넘어가는 길. 마지막에 들른 도시는 드레스덴이
었다. 독일 동부의 작센주 주도이자 예로부터 정치, 문화, 상업의
중심지였다. 2차세계대전 때 연합국 공군으로부터 폭격당해 도심
이 파괴됐지만, 이후 재건되어 지금까지 활발함을 유지하고 있는
도시다.

특히 과거의 건물들을 그대로 재건하여 보존시키고 있어 관광
과 문화도시로서의 명성을 여전히 지켜가고 있다. 인구는 55만여
명으로 비교적 크지 않지만, 시내를 둘러보러 나갔다가 도심을 꽉
채워 행진하는 시위 인파를 만났다. 피켓도 독일어고 구호도 독일

고풍을 간직한 드레스덴의 야경.

어였기에 내가 알아들을 수 있는 단어는 메르켈밖에 없었다. 나중에 시민들을 불러세워 진행한 인터뷰를 통해 알고 보니 메르켈 물러나라는 구호였다.

이날은 월요일임에도 불구하고 시위대의 숫자는 어림잡아 4천여 명 정도였다. 이들은 시위를 시작하기 전 시내에 모여 사전 집

난민 반대와 메르켈 총리를 규탄하는 시위대의 전열 모습.

회를 했다. 이후 도심을 널찍하게 한 시간여 행진한 끝에 터미널 앞에 모여 연설회와 구호 제창 등의 해산 집회로 마무리했다. 자신들이 낸 세금이 난민 정착을 위해 쓰이고 있는데 이는 정의롭지 않을뿐더러, 무엇보다 독일이 이들을 먹여 살릴 만큼 여유롭지 않다고 했다.

1991년 1,200만 명이었던 65세 이상 인구는 2022년 기준 1,866만 명으로 치솟으며 22.1%의 초고령 국가가 된 것도 큰 배경이다. 여기에 몇몇 난민들의 범죄와 성폭행 등 사회 공분을 일으킬만한 사건도 빌미가 됐다. 당국은 서둘러 대책을 마련했다. 2005년에 제정된 이민법과 별개로 2016년 7월 난민통합법을 제정해 사회 적응에 필요한 사전 언어교육과 후 취업 지원제도를 마련했다. 난민의 권리와 의무, 시민으로서의 기본적 생활권 보호 등의 내용이 담겼다.

언어교육은 필수이므로 난민의 의무사항으로 배정됐다. 660시간의 독일어 수업을 이수해야 한다. 이에 따라 2017년 언어교육 분야에 투입된 예산만 5억5천900만 유로(7천255억 원)에 달한다. 여기에 난민들의 생활 지원에 따른 주거비, 의료보험료, 기초생활비 등을 400유로(52만 원)+@로 책정하고 있고, 2015년 대규모 난민이 들어온 이래로 3년 동안 120만여 명의 난민이 독일에 들어온 것을 감안하면 적지 않은 예산이다.

여기에 2018년에만 시리아 긴급구호 지원예산을 10억 유로(1조3천억 원) 이상 대폭 증액하여 총 79억 유로(10조5천억 원)를 지출했다. 그 결과 2018년 독일의 난민 관련 지출이 230억 유로(30조 원)에 달했다. 부담이 커지자 2019년 독일 정부는 16개 주에 배정하는 난민지원 예산을 삭감*한다고 발표했고, 이에 지방 정부들은 일제히 반발하기도 했다.

독일이 난민과 이민자들에게 7개월간 언어교육을 제공하는 것은 사회통합과정의 일환이다. 언어뿐 아니라 역사와 문화, 독일의 법도 교과목에 포함된다. 현재 이러한 교육 제공에 쓰이는 예산만 연 8억 유로(약 1조1,400억 원)에 달한다. 생활비 400유로에 더해 주거비 520유로도 지원한다. 월세의 경우 연방 이민·난민청에서 지원해주기도 한다.

이와 별개로 2016년 설립된 난민통합네트워크는 독일 정부와

---

*　獨 내년도 난민 관련 예산 축소에 지방정부 반발(매일경제 2019. 3. 22)
　https://www.mk.co.kr/news/world/view/2019/03/172441/

드레스덴 중앙역 광장을 가득 메운 난민 반대 시위대.

연방 상공회의소가 함께 설립했다. 노동력이 필요한 기업과 일자리가 필요한 난민을 연결하는 조직이다. 처음엔 300여 개의 기업으로 시작했지만 2023년엔 가입된 기업이 4천 개를 넘어섰다. 기업 측에서는 난민의 신분이 불분명할 경우 확인을 요청할 수 있고, 네트워크 측의 확인을 통해 신뢰를 확보할 수 있다. 병원과 호텔, 요양원과 서빙, 물류 분야 등 노동력 부족에 시달리는 분야에 노동자를 연결해 기업도 난민도 새로운 기회 창출에 나서는 것이다.

나는 시위대에 섞여 이것저것을 물어보다 시위대열의 밖으로 빠져나와 행진을 지켜보던 시민들과도 이야기를 나눴다. 시민들은 대체로 독일 내에서 난민 반대 등의 이슈에 목소리를 내는 사람은 소수이고, 저들의 목소리에 동의하지 않는다고 밝혔다. 독일의 선조들이 역사 속에서 식민지를 포함해 저지른 2번의 세계대전에 대한 업보가 있다는 것이다. 벌어지는 사회 갈등에 대해서도 감당해야 한다고 했다. 당시엔 총선이 치러진 지 얼마 되지 않았었고, 독일 사회 빅이슈는 난민의 추가수용 여부였다. 이를 두고 메르켈은 사민당과의 연정이 절실한 상황이었는데, 사민당 대표 역시 현실적인 연정과 협상을 위해 난민의 추가수용 입장에서 후퇴하며 난민을 제한하자는 입장으로 선회했다.

이에 반발한 청년사민당의 대표인 29살의 퀴네트는 선배 정치인들을 향해 기존의 입장과 약속을 고수하라며 사회적 논쟁에 나서기도 했다. 당시의 논쟁은 기존에 들어온 난민들까지만 받을 것인지, 그들의 혈연가족들까지 추가로 용인해줄 것인지였다. 가족들의 생이별을 두고 볼 수 없다며 더욱 관용을 베풀어야 한다는 젊은 층의 진보적 주장과 이미 들어온 수치도 적지 않다는 보수적 기성세대의 입장이 배치된 것이다.

추가로 더 받는다면 25만~30만 명까지 늘어날 수 있다는 것이 당국의 추정이었다. 당장 이들이 머물 숙소와 프로그램을 제공하기에는 한계치를 넘어선다는 것이 현실의 벽으로 작용했다. 상황이 이렇게 돌아가자 소셜미디어를 통해 난민에 대한 차별과 혐오, 이들을 향한 가짜뉴스가 양산됐다. 사회의 또 다른 갈등이 퍼져나

2018년 독일사회민주당을 이끌며 메르켈 총리와 연정에 나선 마르틴 슐츠 대표와 자당의 대표를 비판하며 논쟁을 이끈 청년사민당의 퀴네트 대표.

가고 있는 것이었다.

여기에 독일 정치권은 혐오와 차별, 가짜뉴스에 대해 소셜미디어 사업자가 방치할 경우 최대 5천만 유로(650억 원)의 벌금을 부과할 수 있는 법을 2018년부터 시행했다. 물론 표현의 자유를 위축시키고 온라인 논쟁을 축소시킨다는 진보 진영의 비판과 난민 반대주의를 표방해온 AFD당의 반발이 있었지만 결국 통과되어 시행되었다.

이로 인해 난민을 대상으로 혐오 발언을 일삼아온 AFD^{Alternative} ^{für Deutschland}(독일을 위한 대안당)당 의원들의 발언들이 온라인에서

삭제되고 사법당국의 수사를 받는 일도 있었다. AFD당은 2013년 창당한 민족주의, 우익주의, 이슬라모포비아, 반페미니즘 등을 이념으로 하며 극단적 언행으로 구설에 오르는 경우가 많았다. 주로 젊은 남성층의 지지를 받고 있다.

내가 드레스덴의 시위대와 대화를 나눴을 때 이들은 이미 3년 전부터 같은 시위를 지속해왔고, 그날이 137회째였다고 했다.

위와 같은 일부의 반발이 점차 커지고 극우 정당의 지지율이 높아지는 등의 움직임에 독일 정부는 정치교육의 강화로 맞대응하고 있다. 민주주의 가치와 시민의식의 성숙을 향해 가는 길은 교육밖에 없다고 믿기 때문이다.

독일이 사회통합의 어려움을 겪으면서도 난민을 수용하고 있는 큰 이유 중 하나는 저출산에 따른 노동력 부족이 원인으로 지목된다. 독일은 출산과 육아 때문에 사회 바깥으로 밀려나는 이들을 줄이려는 조치와 동시에 아이를 돌보면서도 주당 25~30시간을 일할 수 있도록 하는 부모수당 정책을 시행하고 있다. 출산 전 월급의 65% 선이 보장된다. 부모가 총 14개월을 쓸 수 있었던 이 정책은 2015년 7월부터 수당이 약간 줄긴 했지만 28개월로 늘렸고, 부부 모두가 파트타임을 하면 여기에서 4개월을 추가로 받을 수 있다.

난민의 유입과 함께 독일의 출산율은 2015년과 2016년 연속 상승했다. 독일 여성들의 출산율 상승은 미미한 가운데 이민자들의

도르트문트의 시내에서 구걸하는 난민의 모습.

출산율이 영향을 크게 미친 것이다. 그러나 2017년 독일의 출산율은 다시 하락세로 돌아섰다. 독일 연방 통계청*에 따르면 2014년 1.47, 2015년 1.5를 기록했다. 43년 만에 최고의 수치로 기록된 2016년은 1.59다. 이 해에 태어난 아이는 총 79만2,131명으로 2015년 대비 7% 증가했다. 그러나 이 중 18만4,660명은 독일 여성이 아닌 이주민들이 낳은 아이들이다. 2017년 흐름은 다시 꺾쇠를 그리며 1.57로 낮아졌다. 독일 여성뿐 아니라 이주민 여성들만을 대상으로 한 수치 역시 2.28에서 2.15로 출산율이 떨어졌다. 2018년은 2017년보다 2,700여 명 더 태어났지만, 역시 이주민 여성들의 출산율이 큰 영향을 미친 탓이다. 독일은 코로나19를 거치며 2021년 출산율이 이례적으로 늘기도 했지만 2022년 73만8,819명의 출생을 기록하며 출산율 1.46으로 떨어져 저출산 흐름을 이어가고 있다.

이렇듯 이민을 통해 생산가능인구를 증가시키는 것은 젊은 인구를 유입시키고, 또 그들이 아이까지 낳는다는 점에서 지속가능성을 보다 높이는 방법이다. 더 엄밀히 말하면 낙폭이 크게 떨어지는 출산율을 천천히 떨어지도록 하는 것이다.

다만, 이같은 이민자 정책을 통하려면 사회 갈등을 감수해야 하는 것은 의무에 가깝다. 독일의 노동 인구가 약 4,600만 명인데,

---

* https://www.destatis.de

그중 외국인은 1,050만 명에 달한다. 독일은 이민자 비율이 28%에 육박하며, 6세 미만으로 내려가면 무려 40%에 달한다. 20년 정도가 지나면 어떻게 될 것인가. 독일은 공존과 성장을 위해 이민자들과의 통합과 적응 프로그램에 막대한 예산을 쏟아붓고 있기는 하지만, 이민자들의 자녀들은 학력 저하에 시달리는 경우가 많고 장기적으로는 2등 국민으로 전락할 우려마저 제기되고 있다.

지구촌은 오늘도 여전히 난민 발생 가능성이 상존하고, 이민자들은 국경을 넘어 자유와 희망을 찾아 떠난다. 섞이되 잘 섞일 수 있을까. 지구상의 거의 모든 국가가 답을 찾아야 하는 상황이다.

나라를 내줄 수도 있습니다

나는 노르웨이로 가는 항공기 안에서 만난 파키스탄 출신의 이민자를 통해 노르웨이의 현황에 대해서도 엿들을 기회를 얻었다. 코펜하겐에서 오슬로로 가기 위해 끊은 가장 저렴한 항공기는 파키스탄 에어라인이었다. 가운뎃줄과 양옆의 창가 줄이 있는 큰 비행기였다. 그 공간 속에 나를 제외하곤 모두가 파키스탄 사람이라고 느껴질 정도였다. 그리고 아이들이 여기저기서 울음을 터트렸고, 비행기 안은 시끄러운 시장의 분위기와 닮아 있었다. 나는 짜증보다는 궁금증이 더 일었다. '당신을 포함한 이분들은 모두 같은 일

행이냐? 왜 노르웨이로 가는 것이냐?'라고 옆자리에 앉은 이에게
물었다.

　라히드마릭Rashid Malik은 자신을 소개하며, 이들은 휴가를 얻어
파키스탄에 갔다가 되돌아오는 사람들이고, 이 비행기는 경유를
하지만 파키스탄에서 오슬로를 왕복하는 항공편이기 때문에 파
키스탄 출신의 사람들이 많은 것이라고 알려주었다. 난 그전까진
노르웨이가 다국적 출신의 사람들이 많이 모여 사는 나라일 거라
곤 생각하지 못했다. 눈이 많이 오는 북유럽에서 겨울스포츠를 잘
하고 소득이 높은 복지국가 정도가 내가 가진 정보 전부였던 것이
다. 아이들이 시끄럽게 떠드는 소리와 갓난아기들의 울음소리들
은 비행 내내 신경이 쓰였지만, 다출산 흐름을 유지하고 있는 이
들의 이야기를 다소간 들어볼 기회도 되었다.

물 위에 솟아있는 빙하를 본떠 건립한 오슬로 오페라 하우스. 걸어서
지붕 위로 올라가 풍경을 내려다볼 수도 있다.

현재 파키스탄에서 이민해온 인구는 약 2만여 명에 달한다고 한다. 이민의 시작은 1960년대 후반이었다고 하니 꽤 오래전의 일이다. 이들에 의해 태어난 아이들은 1만7천여 명이 넘는다. 이민 인구 2만과 이들을 합치면 총인원 3만 7천여 명이 넘는 것이다. 파키스탄은 노르웨이에서 이민자의 숫자로 보면 10위에 랭크된다. 마릭은 이민자에 대한 차별이 적고, 대체로 만족할 만한 삶을 살고 있기에 이곳에서의 삶이 좋다고 말했다.

노르웨이의 전체 이민자는 1990년대 초부터 본격적으로 늘어나기 시작했는데, 인구의 4%에 해당하던 이민자의 수치는 최근까지 17%로 치솟았다. 출신 국적은 221개 국가로 사실상 전 세계인

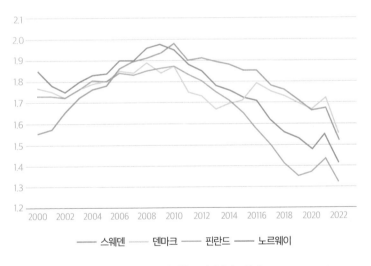

북유럽 4개국 출산율은 2021년 팬데믹 효과 이후 급전직하하고 있다.

들이 모여 사는 국가라고도 볼 수 있다.

1990년부터 2016년의 기간 동안 총 78만9천여 명의 비북유럽 이민자가 유입됐다. 그중 36%는 기존의 가족을 따라 들어온 사람들이고, 33%는 노동 이민, 20%는 난민, 10%는 유학생으로 분류된다. 2019년 당시 노르웨이 총인구 5백33만 명이 사는 것에 비하면 절대 적지 않은 숫자다. 그럼에도 노르웨이에서는 저출산과 고령화로 인해 지금의 좋은 복지 시스템이 유지되기 어려울 것이란 우려가 나온다.

2008년 1.96명이었던 출산율*은 2017년 1.62를 거쳐 2018년 1.56까지 떨어졌다. 이민자들의 높은 출산율 덕분에 그나마도 낙폭이 작아진 것이라고 하면 위로가 되려나. 그러나 이것으로도 막기는 어려워 보인다. 꾸준히 낮아지는 흐름은 이렇다 할 전환을 만들지 못하고 있으며 2022년 51,500명의 아이가 태어나 1.41을 기록했는데, 이는 노르웨이 역사상 기록할만한 역대 최저의 수치다.

몇몇의 통계를 확인하며 원인을 분석 중인 노르웨이는 2022년 30세에 달한 1992년생 여성들을 추적했는데 54%가 아이를 낳지 않은 것으로 나타났고, 이 수치는 2012년의 42%보다 12%가 상승한 수치였다. 추가로 수도인 오슬로의 2022년 출산율은 1.25를 기록하며 이 역시 역대 최저치를 기록했다. 2023년 2분기 기준 노르웨

---

* https://www.ssb.no/

이 인구는 551만 명으로 늘었고, 이민자는 87만7천 명으로 늘었다.

이와 같은 현실을 반영하듯 내가 노르웨이를 찾았던 2019년 1월 대통령은 신년사에서 2050년이 되면 순수 노르웨이인보다 이민 출신 인구가 더 많아질 수 있다는 우려를 언급했다. 사실상 나라를 내어주게 되는 것이다. 그럼에도 낮아지는 출산율엔 날개가 없어 보인다.

노르웨이에서 만난 이민자들은 대체로 차별의 경험이 그리 많지 않다고 말했다. 이민자로서 느끼는 이질감이 크게 느껴지지 않을 만큼 노르웨이는 매력적인 나라라고 표현하는 이도 있었다.

물론 저임금 노동자 중 이민자의 비중이 2006년 10% 정도에서 2016년 40%까지 증가하는 등 높아졌지만, 노르웨이에서 저임금은 빈곤의 동의어로 인식되진 않는다. 저임금의 정의는 풀타임 근로자 정규급여의 2/3 이하 급여소득자이다. 2016년 기준으로 36,200NOK(500만 원) 미만이 기준이 되는 것이다. 이 기준에 따른 저임금 근로자도 같은 해에 9%에 불과했다. 그럼에도 이민자들의 비중이 높아진 것은 언어장벽과 교육수준의 차이로 빚어진 문제로 분석된다. 여기에 더해 노르웨이 젊은 층 전반에서도 저임금 비중이 높아진 것으로 나타나 노동의 숙련도가 낮은 것도 영향을 미치고 있는 것으로 보인다. 노르웨이는 취업, 교육, 사회적응을 돕는 프로그램을 적극적으로 시행하며 이민자들의 안착을 돕고 있다.

현대사 최대의 비극

위와 같은 상황에도 갈등이 없는 것은 아니다. 오히려 유례없는 극단적 비극이 노르웨이의 현대사에 기록되는 아픔을 겪었다. 해마다 7월 22일은 노르웨이인들에게 비극과 추모, 분노와 용서라는 키워드들이 뒤섞이는 복잡한 날로 여겨진다. 2011년 노동당의 정치캠프가 열린 우퇴위아라는 섬에서 총기 난사에 69명의 청소년들이 학살당했기 때문이다. 당시 범행자는 브레이비크라는 이름의 32세 백인으로 밝혀졌고, 범행 동기는 노르웨이의 이슬람화를 막기 위해서였다고 한다.

당시 집권당이었던 노동당이 이민을 옹호하는 정당이었기 때문에 주된 책임이 있다고 본 것이다. 우퇴위아섬에서의 학살사건이

2011년 7월 당시 노르웨이 총리였던 옌스 스톨텐베르그와 그의 부인, 노동당의 청년연맹대표가 함께 헌화하기 위해 걸어가는 모습.

있기 2시간 전에는 총리공관이 있는 오슬로 정부청사 입구에 주차돼 있던 차량이 폭발했다. 이로 인해 근처에 있던 8명이 사망했다. 이 역시 브레이비크가 저지른 일이었다. 이날 모두 77명이 희생된 것이다.

참사 이후 추도식에서 당시의 총리였던 옌스 스톨텐베르그는 이렇게 말했다.

우리는 증오에 사랑으로 답할 것입니다. 더 많은 민주주의, 더 많은 개방과 더 많은 인도주의로 응답할 것입니다.

노르웨이가 테러에 대응한 방식이었다. 특히 브레이비크가 당명과는 달리 노르웨이에서 가장 오른쪽에 있는 진보당의 당원으로 7년간 활동했다는 사실이 알려지기도 했지만, 그 누구도 진보당을 비판하거나 책임을 전가하는 등 정치적으로 공격하지 않았다. 오히려 노르웨이의 민주주의를 지키기 위해서는 브레이비크처럼 급진화하는 것을 어떻게 막을지에 대한 논의와 사회의 슬픔을 위로하는 쪽으로 기울었다.

참고로 진보당은 이름때문에 오해를 받을 수 있지만, 실제로는 보수자유주의와 민족주의를 내세우며 이민 축소와 억제 정책을 고수하는 보수이념의 정당이다. 2017년 선거에서 15.3% 득표로 27석을 확보하여 연정에 참여, 여당이 되기도 하였다.

노벨 평화센터. 다른 노벨상은 모두 스웨덴에서 시상하지만 '평화' 관련은 오슬로 노벨위원회가 시상한다. 과거 노르웨이는 스웨덴에 지배받은 시기가 있었고, 노벨이 평화상의 권한을 노르웨이에 일임한 것으로 알려진다.

브레이비크에 대한 재판은 노르웨이 형법이 가진 최고형인 21년 형을 선고하는 것으로 일단락됐다. 처벌과 동시에 반성의 과정과 사회복귀에 방점을 찍고 있는 노르웨이 형법의 취지로 무기징역이나 사형의 조항은 존재하지 않는다.

이후 2015년 감옥에 있는 브레이비크가 오슬로 대학의 정치학과 입시에 응시하자 학살범에게 대학 교육을 받을 권리가 있는가에 대한 논쟁[*]이 벌어지기도 했다. 입학 응시에 따른 결정 권한을 쥔 대학 당국은 면밀한 검토와 토론을 거쳐 브레이비크의 입학을 조건부로 허가했다. 교과 자료를 전달하지만, 교수나 학생들, 인

---

[*]   https://www.bbc.com/korean/international-45696845

터넷도 접근할 수 없도록 한다는 조건이다. 학과에서 주어지는 자료를 통해 독학할 기회만이 부여된 것이다. 입학을 허가한 총장은 '고심 끝에 내린 우리 노르웨이를 위한 결정'이라고 했다. 한편에서는 교육받지 않은 그보다, 교육받은 그가 더 낫지 않겠냐는 의견도 덧붙여졌다.

노르웨이는 여전히 이날의 아픔을 악몽으로 기억하는 사람들이 많다. 이민자들에 대한 불만과 편견, 분열의 마음이 서로에게 조금씩 움텄지만, 장벽을 높이 쌓거나, 분열과 증오와 냉대로 대응하지 않았다. 사랑과 연대, 포용과 관용으로 시민 간 민주주의의 깊이와 수준을 보다 높이 끌어올리는 계기로 삼았다. 추후 지켜볼 일이지만 노르웨이의 공존에 대한 도전은 어떤 결말을 맞게 될 것인가.

장벽 쌓는 덴마크 정치인, 반론을 제기하지 않는 시민들

나는 덴마크의 코펜하겐에서 약 2주가량을 머무르며, 덴마크의 사회정책을 살피고 이를 확인하기 위한 인터뷰를 하러 다녔다. 노동조합과 기업연합회, 소각장과 쓰레기 재활용 현장, 친환경모빌리티인 자전거 정책과 재생에너지 정책 등을 두루 살펴보며 덴마크의 현장과 문제점, 미래에 펼쳐질 현상을 파악하기 위해 노력했다.

코펜하겐에서 가장 저렴했던 게스트하우스. 한 방에서 8명이 자며 갖
가지 인연이 파생된다.

덴마크의 많은 분야에서 공부가 되는 내용이 많았다. 아마도 체
류비가 더욱 낮게 들었다면 분명히 더 머무르며 구석구석을 돌며
배우기 위해 노력했을 텐데 하는 아쉬움이 많이 남는 나라이기도
했다. 그러던 중 덴마크가 이민자들을 환영하지 않는 나라라는 것
을 알게 됐다. 특히 2016년 1월 26일 의회에서 통과된 '보석법'은
난민 자격과 처우에 관한 장벽을 강화하는 법으로 국제 인권단체
들의 비판을 받기도 하였다.

같은 해 연말엔 2017년 예산안을 내놓으면서 덴마크 시민권의
취득조건을 강화하기도 했다. 덴마크의 영주권은 애초 6년 이상
거주였는데, 이를 8년으로 변경한 것이다. 현재의 이민제도가 규
정하고 있는 영주권 신청 자격은 6개월 이상의 형을 선고받지 않
아야 하며, 최소 2천만 원 이상의 연체된 공공채무가 없어야 하며,

인어공주의 나라 덴마크 코펜하겐에 맞닿은 바닷가에 인어공주 동상이 설치되어 있어 방문객이 줄을 잇는다.

크리스티안보르 궁전. 지금은 덴마크 의회 의사당, 총리관저, 대법원 청사로도 함께 활용되고 있다.

4년간 사회복지 혜택에서 배제되었어야 한다.

또한 영주권 신청 시점 이전으로부터 4년 안에 3.5년 이상의 풀타임잡을 가졌거나 창업하여 자기 사업을 했어야만 한다. 또 다른 제도로는 긴급제동emergency brake인데, 위험 상황 발생 시 난민 신청자를 국경에서 돌려보낼 수 있다는 것을 명시한 제도다. 영주권 강화정책 역시 결론적으로는 난민의 유입을 방지하기 위한 대책으로 해석된다. 이외에도 시민권 시험의 난이도와 커트라인을 높이고, 외국인에게 무상으로 제공되던 덴마크어 수업도 유료화했다.

덴마크는 그동안 보수 블록에서 집권하며 반 이민정책을 강화해왔다. 그러다 보니 진보 블록의 맹주인 사민당에서조차 반이민 정서를 받아들여 덴마크 정치권의 다수 흐름으로 자리 잡았다. 2019년 5월에 치러진 총선은 사민당이 다수당이 되면서 4년 만에 진보 블록으로 정권이 넘어왔다. 역사상 최연소이자 여성 총리가 된 메테 프레데릭센 사민당 대표는 유럽 전반의 사민당의 정책 방향과는 다르게 강경한 반 이민정책을 폐지하지 않을 것이라는 견해를 피력해왔기 때문에 이민이나 난민에 대한 빗장은 그대로 유지될 것이란 관측이 지배적이었다.

그러나 4개의 진보 블록 정당들이 모여 연정을 구성하는 과정에서 이전 정부에서 추진했던 외국인 범죄자들을 외딴 섬에 수감하는 정책을 폐지하기로 하는 등 외국인 관련 제도를 세심하게 검토할 것으로 보인다. 특히 외국인 노동자를 확대 수용하는 등의 정책을 추진하기로 한 합의도 그러한 맥락으로 보인다. 현재 덴마크는 완전 고용이라고 할 정도로 고용률이 높고, 특정 직종에서는 오히려 인력난이 벌어지는 상황이다.

지구상에서 가장 행복한 나라로 인식되는 덴마크지만, 어쩐지 그들만의 장벽 속에서 필요에 따라 여닫는 모습이 다소 이기적으로 보이긴 하지만, 현실적 문제를 생각하면 무작정 비난만 할 수도 없다.

포용의 스웨덴, 대가를 감당하는 중

옆 나라 스웨덴은 어떨까. 스웨덴 역시 행복한 나라의 범주에 빼놓지 않고 들어가는 나라다. 덴마크가 장벽을 높였다면 스웨덴은 장벽을 낮춰 난민에 대한 포용을 인구 대비 가장 많이 하는 나라로 알려졌다. 나는 코펜하겐 중앙역에서 말뫼로 가는 기차표를 끊었다. 2000년도에 덴마크와 스웨덴을 연결·개통한 외레순다리를 지나는데 바다 위에 설치된 해상풍력기가 눈에 들어왔다. 스웨덴 본토로 넘어가기 전 정차한 기차엔 경찰이 탑승해 여권을 검사했다. 난민 유입과 불법체류 등의 문제가 많아져 취해진 조치라고 한다.

코펜하겐 중앙역에서부터 40여 분을 달렸을까? 말뫼 중앙역에

기차를 타고 말뫼로 가는 길에 외레순 다리를 건너며 마주친 해상 풍력단지.

도착했다. 사실상 하나의 도시권이라는 게 실감 났다. 내가 만난 첫 말뫼는 진눈깨비 날리는 풍경이었다. 거기에 해안가를 중심으로 공사장은 어찌나 많던지 도시가 들썩거리는 것이 느껴질 정도였다. 이곳이 말로만 듣던 그 스웨덴이구나. 말뫼의 눈물*로 알려

---

* 현대중공업 육상건조시설 한복판에 자리 잡은 골리앗 크레인의 별칭이다. '코쿰스 크레인(Kockums Crane)'이라고도 한다. 스웨덴 말뫼의 세계적 조선 업체 코쿰스(Kockums)가 문을 닫으며 내놓았고 그걸 2002년 현대중공업이 막대한 해체 비용을 부담하는 조건으로 단돈 1달러에 사들였다. 당시로는 세계 최대의 크레인이었다. 2002년 9월 25일 말뫼 주민들은 크레인의 마지막 부분이 해체되어 운송선에 실려 바다 멀리 사라지는 모습을 바라보며 한없이 아쉬워했고 스웨덴

진 그 스웨덴이구나. 반가워.

도시 곳곳을 돌아다니면서 쉽게 보이는 다인종들 때문에 이곳이 개방적인 도시라는 것을 직감했다. 이를 반영하듯 2017년 스웨덴의 시민권을 새롭게 부여받은 사람은 68,898명이었다. 2016년에 비해 14%나 증가한 수치다. 국적도 160개국으로 상상의 범주를 넘어선다. 따라서 스웨덴 전체에서 순수 이주자들의 비율은 2017년 말 누적으로 백만 명을 넘어서며 총인구의 10%를 차지했다.

인구증가를 이끈 건 주로 시리아와 소말리아, 이라크, 아프가니스탄 등 내전으로 몸살을 앓고 있는 국가의 난민들이었다. 스웨덴은 조세부담률이 44%로 고부담을 통해 고복지를 실현하고 있는 이상적인 국가로 알려져 있다. 그러나 2000년대 이후 고령사회로 들어서면서 복지비용은 늘어가지만, 세수를 부담할 노동 인력은 제자리걸음을 벗어나지 못해 고심해왔다. 스웨덴은 2019년 65세 이상 인구가 20%를 넘는 초고령사회로 들어섰다.

스웨덴은 인도주의적 가치와 국내 노동시장의 활력이라는 두 마리 토끼를 잡기 위해 난민을 대거 받아들였다. 특히 시리아사태가 촉발된 2015년도엔 사회충격을 감수하면서까지 16만3천 명이나 받아들였다.

국영방송은 그 장면을 장송곡과 함께 내보내면서 '말뫼의 눈물'이라고 했다고 한다. ─편집자주.

중동식당Middle East이라고 쓰인 간판이 눈에 띈다.

말뫼의 어느 놀이터에는 다양한 국적에서 온 아이들이 뒤섞여 놀고 있다.

인구의 1/4이 외국 출신

스웨덴 이주위원회Swedish Migration Board에 접수된 망명 건수는 2015년을 끝으로 이듬해인 2016년에는 매우 감소했고, 2017년에도 감소추세를 이어갔다. 감소 이유는 시리아 난민이 크게 줄어든 탓도 있지만, 급격한 난민 유입에 놀란 스웨덴 당국이 2015년 말에 엄격한 국경 통제정책을 도입한 결과다. 당시 스웨덴 인구는 950만 명 정도였는데, 일순간 십수만 명의 대거 진입을 반길만한 준비는 안 되었기 때문이다.

이들은 또 난민뿐 아니라, 노동과 학업을 목적으로 한 이주자도 꾸준히 받아들였는데, 2017년 취업목적으로 이민을 신청한 이주자는 북유럽 국가들과 EU시민권자, EEAEuropean Economic Area* 참가국을 제외하고, 8,495명에 달했고, 그의 친척들까지 더하면 총 30,562명이다. 학업도 4,226명으로 적지 않은데, 이들 중 40%가량은 인도와 중국 국적을 가진 이들이다. 참고로 스웨덴에서 이민자로 간주되기 위해서는 최소 12개월 동안 스웨덴에 체류하고 거주허가 및 해당 국가의 공공기록을 요한다.

한편 위에서 순수이민자들의 수가 10%를 넘어섰다고 했는데,

---

* 1994년 1월 1일에 유럽자유무역연합EFTA과 유럽연합EU 사이에서 발효된 협정에 따라 만들어진 기구로 EU에 가입 중인 28개국을 합쳐 총 33개국이 참가하고 있음.

스톡홀름의 올드타운 거리의 상점들은 외국인 관광객들로 넘쳐난다.

외국 배경 즉 스웨덴이 아닌 모든 이들과 이들이 스웨덴에서 낳은 자녀들까지 모두 합친 다문화 비율은 2017년 말 기준 240만 명으로 인구의 24.1%를 기록했다.

이 비율은 개별 도시들에서 더 높아지는데, 특히 봇쉴카Botkyrka 58.6%, 쇠델텔리에Södertälje 53% 및 하파란다Haparanda 51.7%를 기록하는 등 위 도시들에서는 다문화 거주자의 비율이 절반을 넘어서는 현상도 나타나기 시작했다. 심지어 스톡홀름 외곽에 있는 휘

트야Fittja 지역은 거주자의 90%가 이민자로 구성되어 있다.

이 때문에 교육과 치안 등 주거 환경은 다른 도시들에 비해 갈수록 안 좋아지는 상황이다. 특히 이민자들의 독특한 스웨덴어 억양 때문에 '링케비 스웨덴어Rinkebysvenska'라는 비하 단어까지 생겨났다.

스웨덴어를 배우며 사회에 적응, 안착하려고 노력하는 이민자들은 그나마 다행이지만, 끼리끼리 모이게 되는 특성상 현지어를 하지 않고 출신 지역의 말을 그대로 사용해도 큰 문제가 없는 현실은 사회통합에 저해되는 결과를 낳고 있다.

전반적으로는 스웨덴 전역의 272개 지역에서 외국인 거주자 비

과하다고 느낄 정도로 공사장이 많은 말뫼였다. 그 시점에 그만큼 활황이기도 했으리라. 그러나 스웨덴은 5.7%의 경제성장률을 기록한 2010년 이후 지속 하락해 2017년 3.2%, 2018년 2.5%로 쪼그라들었다.

율이 전년도에 비해 증가했다. 상황이 이렇다 보니, 말뫼의 눈물을 딛고 친환경 창업 도시로 재생하고 있는 말뫼도 무려 40%의 비율을 넘어섰다. 이주민과 난민의 증가, 여기에 보편적 가구 형태인 1인 가구가 더 증가하는 흐름과 맞물리며 주택 부족과 주택 가격이 치솟는 문제는 스웨덴에서 가장 시급한 현안으로 떠올랐다. 내가 목격한 말뫼에서의 공사장이 그 현실을 반영해주고 있는 것이었다.

나는 말뫼에서 만나는 사람마다 이주민에 대한 솔직한 생각을 듣고 싶다며 물었다. 그중에는 스웨덴 사람도 있었고, 당사자인 이주민도 있었다. 그들은 대체로 문제가 없진 않지만 품어야 한다고 말했다. 물론 그 문제라고 하는 것에 대해서도 더 물었다.

말인즉 말뫼에 존재하지 않았던 이민자 폭력조직이 생겨 총기 사용과 살인사건 등이 일어난다는 내용이었다. 출신자별 지역이 생겨 게토화되는 등 일종의 위화감이 조성되기도 한다고 했다. 이건 스웨덴 사람뿐 아니라 이민자 입장에서도 문제로 지적됐다.

현지 경찰에 따르면 말뫼에만 200여 명 이상이 범죄에 연루되어 있다고 한다. 높은 범죄율을 억제하기 위해 국가 방범위원회와 경찰청, 말뫼 시는 "Stop Shooting"(총을 쏘지 마세요)이라는 대대적인 캠페인에 나서기도 했다. 이 프로젝트는 EU에서도 공동 기금을 지원하는 등 신경을 쓰고 있지만, 시민들의 두려움을 잠재울 결과를 만들어낼지는 두고 봐야 할 것이다.

폭력행위 등이 도시 내에서 일어나는 문제들이라면, 온라인에서의 문제들은 더 심각한 양상으로 치닫고 있다. 스웨덴 지방자치단체연합SALAR*에 따르면 선출된 정치인에 대한 위협이나 협박, 심지어 폭력이 증가한다는 것이다. 이 문제 제기 자체가 소셜미디어를 통해 이루어지고 있고, 이로 인해 정치인들은 때때로 자기검열의 상황에 부닥치게 된다는 것이다.

결국 지난 몇 년간 의정활동을 그만두는 경우도 일어났다. 위협이 가해지는 대부분 내용으로는 성평등과 LGBTQ, 이민자들에 대한 부정적인 요구들이다. 극단주의자들의 이러한 현상 외에 현직정치인 역시 망명 신청자들을 향해 '기생충'이라 부르고, '이슬람의 전제 조건은 낮은 IQ라는 느낌을 자주 받는다'라고 하는 등 인종차별과 종교 차별적인 글을 쓴 것이 알려져 논란이 일기도 했다. 또한 네오나치 그룹으로 분류되는 웹사이트인 Nordfront의 책임자가 인종 증오를 선동한 죄로 유죄판결을 받기도 했다.

한편 2018년 11월에는 경찰 측이 이민청에 알리지 않고, 임의로 난민 신청자 300여 명을 추방한 것이 알려지면서 이민청이 반발하는 일도 있었다. 그에 앞서 7월에는 아프가니스탄 난민이 추방당하는 항공기에 스웨덴 대학생의 착석거부시위로 추방을 막은 사건이 있었다. 모든 승객이 착석하지 않으면 이륙하지 못한다는

★ The Swedish Association of Local Authorities and Regions

울프 크리스터손 총리.

점을 이용하여 한 명의 대학생이 벌인 시위였다. 승객 중엔 이를 비판하는 사람도 있었지만, 결국 난민 신청자들이 비행기에서 내리게 되자 승객들은 대학생 시위자에게 손뼉을 치며 격려해주었다.

이보다 한 달 전엔 예태보리시의 중심가에는 16세의 시몬Simon Boerenbeker Klang이 '사랑이 이긴다'라는 푯말을 내걸고 당국의 아프가니스탄 난민 추방 방침에 항의하는 시위를 조직하기도 했다. 또 초중등학교에서는 2,400여 명의 학생들이 난민 강제 추방을 반대하는 서명운동에 동참하기도 했다.

이민정책의 패러다임 변화 선언

2023년 9월 울프 크리스터손 총리가 의회에서 한 연설은 국가 안

보와 외교, 경제 정책, 치안 개선, 기후 위기 대응과 함께 이민정책에 관한 내용이었다. 총리는 여기에서 이민 정책 전환을 통해 이민자의 수를 줄이고, 이미 와 있는 이민자들과 스웨덴 사람들과의 통합에 대처하는 것이 무엇보다 중요하다고 강조했다.

그 핵심 지원책은 언어습득과 일자리 제공 두 가지였다. 이는 이민자들이 복지 혜택만 받고 일은 안 하며 스웨덴 사회에 기여하는 것이 없다는 불만 여론을 반영한 것으로 보인다.[*] 또한 쿠란 소각 시위 등 일련의 사건으로 스웨덴 국내외의 안보 위협과 헌법상의 원칙인 표현의 자유를 보장하면서도 국익과 국민에 대한 위협에는 대응한다는 원칙도 재정립하는 계기로 삼았다.

아래는 2023년 9월 12일 울프 크리스터손 총리의 의회 연설 중 이민자 관련 파트를 번역해 옮긴다. 짧은 영어실력이기에 어색한 부분은 이해를 바란다.

①

세계에서, 그리고 이곳 스웨덴에서는 공적 토론이 위험한 양극화로 향하는 경향이 있습니다. 상대의 성격과 동기에 대한 일종의 비타협과 의심, 우리 사회에는 좋은 것이 파괴될 위험이 있습니다.

---

[*] "이민자들 복지 혜택만 받고 일 안 해" 인종 장벽 쌓는 스웨덴
https://www.hankookilbo.com/News/Read/202001311207735707

②

우리는 모두 자녀와 손주들을 위해 더 나은 사회를 남기고 싶어 합니다. 하지만 작은 나라가 큰 문제를 해결할 수 있으려면 우리도 함께 힘을 합쳐 일을 해낼 수 있어야 합니다. 한때 스웨덴을 강하게 만들었던 가치와 이상을 지키기 위해 모입시다. 더 이상 작동하지 않는 것을 바꾸기 위해 뭉칩시다. 우리의 안전과 보안에 대한 내외부의 위협에 대처할 수 있도록 모입시다. 이 어려운 시기에 저는 스웨덴 전체와 모든 스웨덴 국민을 위한 정부를 이끌고 싶습니다. 여러분이 이곳에서 태어났든 다른 곳에 뿌리를 두고 있든 상관없습니다. 당신이 이 나라 어디에 살고 있든, 어느 정당에 투표했든. 저는 나누고 싶지 않고 모으고 싶습니다. 저는 분열이 아니라 통합을 원합니다.

③

작업 라인의 기본 부분은 스웨덴어입니다. 스웨덴에 영구적으로 거주하는 모든 사람은 스웨덴어를 배워야 합니다. 취업 가능성을 급격히 높일 뿐만 아니라 자신이 살고 있는 나라, 그 나라의 성문법, 불문율 및 가치를 이해할 수 있기 때문입니다. 따라서 이민자를 위한 스웨덴어는 더 높은 요구와 더 높은 품질을 특징으로 해야 합니다.

④

폭력은 시대를 거듭할수록 점점 더 낮아지고 있습니다. 10세 어린이는 햄버거로 유혹을 받고, 15세 어린이는 돈과 명성을 위해 살인을 저지릅니다. 유럽의 다른 어떤 나라도 스웨덴의 폭력 추세에 근접하지 못합니다. 여기서도 우리는 대규모 이민의 결과와 통합의 실패, 그리고 제때 개입하지 못하는 국가의 무능을 보고 있습니다. 갱 범죄와의 싸움에서 성공하기 위해서는 억압적인 것과 예방적인 것 사이에 모순이 없다는 것을 이해해야 합니다. 딱딱한 것과 부드러운 것 사이에 모순이 없습니다. 둘 다 필요합니다. 범죄자를 막고 처벌하는 동시에 지금의 5살 아이들이 10년 후에는 총기를 가진 15살짜리가 되는 것을 막아야 합니다. 그리고 교실에서는 범죄와는 다른 길을 걷기 위한 토대가 마련될 것입니다.

⑤

제대로 통합되지 않은 이민이 수십 년 동안 이어져 왔지만, 이제 스웨덴 이민정책에서 패러다임 전환이 일어나고 있습니다. 지난 12년 동안 120만 명의 외국인이 스웨덴으로 이민을 왔고 같은 기간 동안 70만 명 이상이 스웨덴 시민권을 받았습니다.

많은 사람이 스웨덴을 더 강하고, 더 부유하고, 더 나은 나라로 만드는 데 기여할 것입니다. 그러나 스웨덴의 대규모 이민은 우리 사회에 큰 부담을 주고 있습니다. 통합 문제는 이제 대부분의 정책 영역을 특징짓습니다. 그래서 정부가 정책을 바꾸고 있는 것입니다. 이 개혁안은 스웨덴이 가장 많은 망명 신청자를 수용한 국가 중 하나에서 망명 법안을 EU의 최소 수준으로 조정하는 것을 목표로 합니다.

추방 명령을 받은 사람은 스웨덴을 떠나야 합니다. 어두운 사회와 맞서 싸우고 취약한 사람들에 대한 착취를 막아야 합니다. 정부는 해결책을 강화하고 이 작업을 보다 효율적으로 만들고 있습니다. 추방된 자국민을 받아들이기를 거부하는 국가들이 있기에 이들에 대한 요건을 강화하고 구금장소의 수도 늘리려 합니다. 거짓말을 하거나 속임수를 쓴 사람에 대해서는 거주 허가가 취소됩니다.

우리는 이제 스웨덴에 대한 이주 압력이 유럽에서 증가하고 있음에도 불구하고 어떻게 감소하고 있는지 보고 있습니다. 그러나 큰 변화는 이제 막 시작되었을 뿐입니다. 저숙련 노동 이민에 관한 규정은 강화되고 고숙련 노동자를 위한 기회는 개선될 것입니다. 스웨덴은 국제적 인재와 역량을 환영하는 국가가 될 것입니다. 동시에 국내에 거주하는 외국인의 정직한 생활방식에 대한 요구사항이 강화되고 있습니다. 거주 허가를 취소하고 범죄를 근거로 더 많은 사람을 추방하는 것이 더 쉬울 것입니다. 자발적 귀국을 장려하기 위해 인센티브를 검토하고 있습니다.

정부는 서로 다른 배경을 가진 사람들이 함께 살 수 있는 스웨덴을 믿습니다. 하지만 그러기 위해서는 우리를 하나로 묶어주는 접착제가 필요합니다. 이 커뮤니티의 가장 중요한 구성 요소는 스웨덴어, 시민권의 권리와 의무, 스웨덴의 기본 가치에 대한 존중입니다. 스웨덴 사회의 일원이 되기 위한 기대와 요건은 더욱 명확해져야 합니다. 이 커뮤니티의 일원이 되고 싶지 않다면 여기에 오지 말아야 합니다.

스웨덴 사회, 민주주의, 기본 규범과 가치에 대한 참가자들의 지식 테스트와 함께 새롭고 더 나은 사회적 지향이 소개될 것입니다. 스웨덴 시민이 되기 위한 언어 요구사항을 도입하기 위한 작업은 계속되고 있습니다. 정부는 또한 지방자치단체의 원활한 통합을 위한 여건을 개선하기 위해 정착 규정을 검토하고 있습니다.

이민자 관련 스웨덴 총리의 발언을 보니 선의로 시작했던 개방으로 인해 다양한 문제점들이 나타나고 있다는 것을 알아차릴 수 있다. 현지인들과 섞이기보단 게토화되며 스웨덴어를 하지 않아도 자신들만의 커뮤니티에서 살아갈 환경이 조성된다. 그러다 보니 새롭게 고안된 법안도, 이미 있었던 문화도 이들은 존중하거나 지키려 하지 않고 출신 국가에서 하던 대로 하면서 새로운 갈등이 야기되는 것이다. 언어와 문화, 제도 등의 교육은 물론 학교에서부터 다양성에 대한 교육 또한 장기적으로 매우 중요할 것이다.

정열과 개방의 상징 도시는 왜 몸살을

경제·치안의 위기에 빠진 우루과이 몬테비데오

유럽이 주로 아프리카와 중동에서 벌어지는 내전으로 생기는 난민 때문에 몸살을 앓고 있다면 남미는 경제 난민 문제로 곳곳에서 갈등이 일어나고 있다.

2018년 여름 베네수엘라인들은 당시 기준으로 5년 동안 유엔 난민기구 추산 360만 명이 국경을 넘었다. 이 숫자는 2019년 말 460만 명으로 늘었고, 2021년 기준 약 540만 명으로 추산되고 있다.

소득, 식량, 의약품 등 자신의 나라가 여러 문제로 불안정한 탓에 난민이 된 베네수엘라 사람들은 고국으로 돌아가지 않고 남미 전역에 흩어진 채 눌러앉으려 하고 있다. 그러다 보니 여러 중남

우루과이는 남미에서 칠레와 함께 가장 잘사는 나라로 꼽힌다. 수도 몬테비데오의 해안가.

미 도시들은 국경을 넘어온 이들 난민 때문에 사회적, 경제적으로 갖가지 부담을 떠안고 있고, 현지에선 또 다른 갈등이 불거지고 있었다.

엎친 데 덮친, 도미노 난민사태

브라질, 아르헨티나, 우루과이, 칠레, 페루, 콜롬비아, 볼리비아 등 라틴 아메리카는 그렇지 않아도 정치·경제, 부정부패 등으로 사회가 불안정한데 난민들을 받아들일 만한 역량을 갖추고 있지 않아 부담이 커지는 상황이었다.

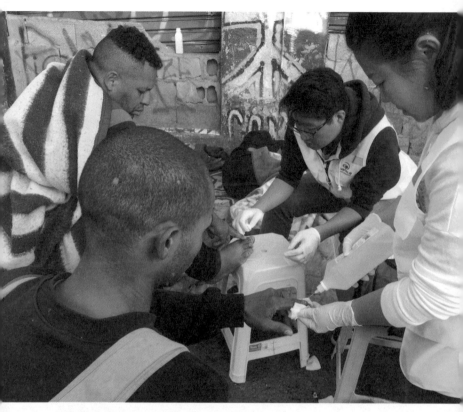

브라질 상파울루에서 한국인 선교사들이 노숙인을 상대로 의료 봉사를 하고 있다.

2018년 여름 브라질 당국은 베네수엘라와 국경을 마주하는 북부 도시 호라이마주 파카라이마Pacaraima에 군 병력을 투입하기로 했다. 2017년 베네수엘라를 탈출해 브라질로 간 사람만 2만여 명에 달했는데, 이 중 베네수엘라 출신 괴한이 상점 주인을 흉기로 찌르고 폭행하는 사건이 발생했기 때문이다. 곧이어 베네수엘라 사람들과 브라질 주민들 사이의 폭력 사태로 번졌고, 이 도시에 머물던 1,200여 명이 베네수엘라로 쫓겨나기도 했다.

경제 사정 어려워지자 열려 있는 국경이 닫히다

혼돈의 브라질을 지나 도착한 우루과이에서 26세의 페루 청년 루이스^{Louis}를 만났다. 불법체류 상태인 그는 몬테비데오^{Montevideo}의 항만에서 겨우 끼니를 때울 돈을 마련하고 있었다. 법정 임금은 꿈도 꾸지 못한다. 우루과이 법정 임금의 절반만 줘도 페루에서의 삶보다는 낫다고 했다.

> 페루에는 일자리가 매우 부족하고 실업률이 높아요. 그럼에도 최근 몇 년 동안 많은 베네수엘라 난민들이 페루로 밀려들어 오고 있습니다. 이들 중에는 월급 한 푼 없이 숙식만 제공해줘도 일하려는 사람들이 많아요.
>
> – 우루과이서 만난 페루 청년 루이스의 말

상황이 이럴진대 당국은 단속에 손을 놓고 있단다. 그 결과 루이스 같은 젊은이들은 일자리 구하기가 하늘에서 별 따기고, 구한다 해도 낮은 임금을 받으며 곤궁한 삶을 이어갈 수밖에 없다고

건조한 페루 타크나^{Tacna}에서 아레키파^{Arequipa}로 넘어가는 길. 베네수엘라를 탈출한 뒤 걸어서 7,000km를 이동해 우루과이까지 온 이들도 있다고 한다.

한다. 페루에서는 더 이상 미래를 꿈꿀 수 없다고 판단하자 결국 남미의 남쪽 끝으로 와서 불법체류 신세로 살 궁리를 찾고 있는 것이었다.

아이러니한 상황이다. 남미는 유럽연합^{EU}처럼 신분증을 가지고 있다면 국경 출입에 제한이 없었고, 일자리를 얻는 것도 같은 언어 문화권(멕시코를 포함한 중남미 지역은 포르투갈어를 사용하는 브라질과 프랑스령 기아나를 빼곤 모두 스페인어를 쓴다)이기 때문에 큰 어려움이 없었다.

그러나 베네수엘라로부터 경제 난민이 퍼져 나오면서, 다른 나라를 출입할 때 까다로운 절차를 요구하기 시작했다. 안 그래도

페루 타크나에서 버스를 타기 전 신분증과 티켓을 꼼꼼히 확인한다.

우루과이 수도 몬테비데오 도심에는 노숙인 수가 해마다 늘고 있다. 특히 이들의 평균 연령이 38세로 젊다는 것이 특징이다.

어려운 남미국가들의 경제가 베네수엘라를 시작으로 연쇄적으로 타격을 입으면서 도미노 난민 현상이 발생하는 것이다.

사실 남미 국가는 오래전부터 이민을 받아들이면서 다문화 다인종으로 살아왔고, 남미 특유의 개방성과 맞물리면서 차별이나 인종 갈등은 많지 않았다고 한다. 부의 편중과 갖가지 부정부패로 사회제도의 보호를 받지 못한 채 낙오해버린 시민의 수가 지속적으로 늘어났고, 난민 수십만 명이 밀고 들어오면서 주택, 교육, 치안, 일자리, 식료품, 의료 등이 시급한 문제로 떠올랐다.

특히 주택이나 임시 숙소 등도 머물 곳을 제공할 여력이 없어 길거리에 텐트를 치거나 노숙을 하는 이들도 증가하고 있다.

우루과이엔 2019년 수도인 몬테비데오에 거주하는 노숙인을 전면 조사한 결과 2,038명으로 1,651명을 기록한 2016년에 비해 23.4%나 증가했다. 이들의 평균 연령이 38세일 정도로 매우 젊다. 또한 통계청 발표 결과 26만1,000명가량이 알코올 의존증 문제를 겪고 있고 이는 2019년 우루과이 총인구 348만 명의 7.5%에 달한다.

우루과이 정부는 일하는 시간을 줄이는 동시에 일자리 나누기를 통해 더 많은 일자리를 만들고자 했다. 그러나 현실은 적은 소득과 추가 노동에 시달리는 사례들이 많아졌다. 노동시간을 줄이고자 했으나 역으로 더 많이 일하는 결과가 만들어졌고, 노동시장에서 이탈하는 현상이 난민사태와 겹쳐 나타났다.

가방끈이 길거나 똑똑한 젊은이들은 경제 상황이 좋거나 임금을 더 주는 남미의 다른 나라나 영어권인 미국, 스페인이 있는 유럽 등으로 빠져나간다. 농축수산업을 바탕으로 한 서비스업과 제조업도 관련 품목이 수출에 타격을 받으면 국내 일자리 문제가 심각한 영향을 받는 취약한 구조다.

이들은 오래전에 하루 8시간만 일하는 노동 제도를 이뤄냈고, 그보다 더 적은 시간제 일자리도 있지만, 투잡과 쓰리잡을 뛰는 것이 흔한 일이 됐다. 이유는 최저임금이 매우 낮고, 임금을 높이면 그 연쇄 작용으로 물가상승 압력이 커질 것이고 이를 버틸 재간이 없게 될 것이라는 시각 때문이다. 결국 글로벌 대기업 말고는 대다수 기업 노동자들은 저임금에 시달리고 있다.

한편 우루과이는 투자가 굉장히 꺼려지는 국가 중 하나다. 다른 남미 나라들과 비교해 부정부패가 적지만 왜 그런가를 살펴보니 기업들은 주로 두 가지 이유를 내세우고 있다는 걸 알 수 있었다.

하나는 노동자의 권리가 강해서 기업으로서는 사람을 새로 뽑는 것을 부담스러워한다는 것이고, 다른 하나는 행정 처리가 매우 느리다는 것이다. 노동자의 권리가 강하다는 것의 의미는 예컨대 모 기업에서 화장실의 휴지가 채워지지 않아 시위를 한다거나 계약기간이 끝나 퇴사한 뒤 변호사와 함께 기업을 상대로 다양한 명목을 붙여 소송을 걸어온다는 것이다.

이 때문에 이곳에서 일자리를 만들어내는 게 매우 버겁게 여겨

우루과이 수도 몬테비데오 도심에서 오래된 도시라는 것을 느낄 수 있
는 건물들과 그림들을 곳곳에서 볼 수 있다.

진다. 정권을 잡은 좌파연합은 어려운 경제 상황을 돌파할 기회를 수출로 찾고자 하지만 다른 나라와의 자유무역협정^{FTA} 등 자유무역을 반대하고 있는 당내 그룹들이 있어 이 역시 쉽지 않은 상황이다. 갈피를 못 잡는 사이 젊은 인재들은 계속 나라를 떠나고 있다.

불안한 치안에 걱정 커지는 우루과이 사람들

갈수록 나빠지는 경제 상황 못지않게 심각한 것은 바로 치안이다.

우루과이는 중남미에서 칠레와 함께 치안과 경제가 안정적으로 유지되는 나라였기에 시민들의 불안감은 날이 갈수록 커지고 있었다. 몬테비데오에서 만난 우루과이 청년 파비안^{Fabian}의 집에 방 한 칸을 얻을 수 있었다. 파비안은 우루과이 공립대에서 경제학을 전공하고 있는 대학생인데, 그의 집은 몬테비데오의 시내에 있는 아파트였다. 그런데 파비안은 몇 개의 골목을 찍어 주며 그쪽은 위험하니 가지 말라고 말했다.

최근 들어 우루과이도 안전지대가 아니며, 특히 몬테비데오에서는 여행객과 현지인을 가리지 않고 소매치기, 강도, 폭행 등의 사건이 매일 도시 안에서 일어난다고 했다. 현지 경찰에 따르면 2018년 상반기에만 도난 사건 7만2,036건, 강도 사건 1만4,459건, 살인사건 218건이 일어났는데, 이는 2017년 상반기 대비 살인

우루과이 공립대 경제학과에 다니는 파비안Fabian
이 우루과이 일자리 상황을 설명하고 있다.

66.4%, 강도 55.8%, 절도 26.9%가 증가한 수치다.

파비안에게 불안해서 어떻게 사느냐 물었더니, 정부에서 경찰
관 수를 늘리는 등 대책을 내놓는다고는 하지만, 실제 효과가 있
을지 모르겠다며 결국 개인이 조심하는 수밖에 없다고 했다. 폭력
조직이 활개를 치거나 총기 사고 역시 자주 일어나 목숨조차 운명
에 맡겨야 한다는 쓸쓸한 얘기도 했다.

2019년 3월에 우루과이 내무부가 발표한 2018년 범죄율 보고
서에 따르면 살인율과 강도율은 전년과 비교해 거의 두 배 증가

범죄유형	살인율		강도율		도난율	
년도	2017	2018	2017	2018	2017	2018
건수	284	414	19,441	29,904	115,549	145,161
증가율	45.8% 증가		53.8% 증가		25.6% 증가	

2018년 우루과이의 범죄율. (우루과이 내무부)

했다. 우루과이 시민들이 왜 치안을 심각한 문제로 꼽는지 이해할 수 있는 대목이다. 게다가 이 수치는 현재 국가 소요 사태라 할 수 있는 베네수엘라를 비롯 부정·부패와 마약으로 골머리를 앓고 있는 브라질과 콜롬비아 다음인 4위에 해당한다.

경찰 수사 결과도 414건의 살인사건 중 진상이 파악된 사건은 51.4%에 불과하고, 나머지 절반은 미제 상태다. 여기에 실종 사건도 해마다 증가해, 2017년 2,493건이었던 실종 신고는 2018년 3,332건으로 33% 증가했다. 보통 실종자 스스로 연락을 끊고 숨어버리는 경우가 많고 이들은 며칠 지나면 해결되지만, 2018년 신고된 45건은 여전히 미제 사건으로 남아 실종자 가족들이 수사를 요구하고 있다.

우루과이에서 살인과 강도가 크게 늘자 정치적으로도 매우 중요한 논쟁 주제로 떠올랐다.

야당들은 집권 여당의 무능을 지적하며 변화를 촉구하고 있다.

집권 여당은 살인사건의 원인을 조직범죄 집단 사이의 다툼 47%, 가정 폭력 12%, 강도 11%, 우발적 다툼 12%, 원인 미상 15%, 기타 3%로 유형화하며, 경찰력을 늘리고, 좋은 장비를 지급하는 등 범죄에 대한 대처를 강화하고 있다고 항변했다.

하지만 살인 등이 늘어나는 것은 총기를 소유한 사람이 많고, 총기로 타인에게 위해를 가하기 쉽다는 특성 때문이다. 2018년 상반기 강도율 신고는 1만4,459건이었으며 이 중 총기를 이용한 강도 사건은 69%를 차지했다. 살인사건 중 총기에 의해 일어난 경우는 무려 72%에 달했다.

우루과이 내 민간인의 총기 보유는 119만8,000정으로 추정되며, 이 중 등록된 수는 60만5,313정으로 절반에 가까운 59만2,687

우루과이 수도 몬테비데오 해양박물관 인근 방파제에서 사람들이 낚시하고 있다.

정이 미등록 상태다.

이는 어림잡아 우루과이 인구의 3분의 1 이상이 총기를 소지하고 있음을 뜻하고, 국민 100명당 총기 보유율이 34.7 명으로 미국(120.5정), 예멘(52.8정), 몬테네그로와 세르비아(39.1정) 등에 이어 캐나다(34.7정)와 공동 5위에 이름을 올릴 정도로 매우 높은 수치다.

우루과이는 이런 위험을 줄이고자 2014년 총기 소유와 휴대 및 판매를 규제하는 법을 만들었지만, 총기 범죄가 줄기는커녕 늘고 있다. 서로서로 믿지 못하는 불안한 사회에서 주로 나타나는 현상이다. 개인의 안전을 스스로 지켜야 하고, 사실상 공공의 안전을 지키는 주체인 경찰과도 대등한 위치에 서게 된다.

마약 범죄를 일으키는 조직 폭력 단체가 활개를 치고 있지만 공권력이 이를 확실히 제압하지 못하는 우루과이의 치안 상태는 경제 실정과 맞물리며 점차 살기 어려운 환경이 되어 가고 있었다. 그나마도 돈이 있는 시민들은 경찰의 출동을 기다리기보다는 민간 보안 업체를 고용하거나 보안 카메라를 집 주변에 설치하기 시작했다. 이러한 흐름이 정부의 무능과 비토 여론으로 이어지자 정부의 정책 결정에 영향을 미치기 시작했다.

공공의 역할에 기대를 접고 민간의 자기 보호 흐름이 커지자 정부는 범죄예방을 위한 대대적인 CCTV 설치에 나섰다. 2020년 몬테비데오 등 수도권 전체에는 6천여 대의 CCTV가 있었으나 2023년 여름을 전후하여 시내 외곽지역을 중심으로 2천여 대를 추가 설치하였고, 이번 정부 임기가 끝나는 2025년까지 1만2천 대까지 확대하겠다고 발표했다.

정열과 개방 그리고 혼돈

신기하게도 유럽의 도시들에서 본 것 같은 양식의 건물을 가진 도시 몬테비데오는 남미의 거리를 걷는 것이 아니라 유럽에 있는 것 같은 느낌을 줬다. 그 건물들이 지어졌던 과거에는 유럽에서 대서양을 건너온 이방인들이 위협이었다면 지금은 경제와 치안이라는 새로운 위기 요소가 국민들을 억누르고 있다.

초기 베네수엘라를 등졌던 시민들은 큰 나라들인 브라질과 아르헨티나로 가서 일자리를 구하고 그럭저럭 삶을 이겨나갔다. 반면 너무 늦게 떠난 이들은 국경이 닫히는 것을 경험하고, 신분증만으로 이동이 허용됐던 자유의 땅에 이제 더 이상 마음대로 오갈 수 없는 장벽이 생긴 것을 알아버렸다.

마테차를 함께 마셔주며 말 상대를 해준 루시아Lucia가 내게 해준 말이 귓가를 떠나지 않는다. 그런데 이 말은, 삶을 살아내기 어려워 페루를 떠나와 우루과이에서 미래의 계획표를 그리고 있는 루이스가 했던 말과 똑같았다.

"저는 떠나려 해요. 여긴 미래가 없어요."

우루과이 수도 몬테비데오의 한 쇼핑몰^{Tres Cruces Shopping} 앞 프룩투오소 리베라^{Fructuoso Rivera} 초대 대통령의 동상과 우루과이 국기가 펄럭이고 있다.

혼돈의 도시에 다시 햇볕이 비추길 간절히 소망한다. 모두 안녕하길.

망가지는 남쪽의 아메리칸드림

이민자 정책의 대수술

남미로 간 김에 한군데를 더 들러보자.

세계에서 가장 긴 해안가를 끼고 있다고 생각한 나라는 칠레였지만 직접 가본 뒤 그것은 착시일 뿐, 가장 긴 해안선을 가진 나라는 브라질이라는 사실을 새롭게 알게 되었다. 지진으로부터도 안전하지 않아 7.0의 강도에도 견딜 수 있도록 건축물을 올릴 때 의무적용이 된다고 한다. 마침 내가 갔던 날 진도 5.1의 지진이 나서 도시가 흔들거리기도 했다. 그 울렁거리는 느낌을 아직도 잊지 못하고 있다.

안데스산맥을 넘어, 칠레 산티아고 도심에 도착한 버스는 교통

체증으로 속도가 느려졌다. 무심코 바라본 창밖엔 도로 가운데에 설치된 정체불명의 텐트들이 서 있었다. 도시 외곽도 아니고, 골목도 아닌 도심의 도로 한가운데 설치된 텐트라니. 칠레는 2018년 초 새로운 대통령이 취임하기 전까지는 관대한 이민정책으로 중남미인들의 '새로운 아메리칸드림'의 표상이었다.

칠레 정부는 인도주의적 도덕성을 보여주려는 차원보단, 저출산으로 인해 부족해지는 노동력을 채우고, 진행되고 있는 고령화에도 대비하려는 심산이 강했다. 그래서 불법체류자의 자녀들에게도 교육과 의료를 제공했다. 영주권을 얻어 체류하려는 목적을 숨기고, 단순 여행 비자로 입국한 이들에게도 체류를 허가해주었다.

따라서 한동안 칠레는 수십만 명의 이주민을 받아들였고, 그로 인해 생겨난 문제들이 하나둘씩 늘어가고 있던 차였다. 2010년부

산티아고 도심을 들어서는 버스에서 본 텐트들.

칠레 42대 대통령인 국민혁신당의 세바스티안 피녜라.

터 2014년까지 대통령을 지냈다가 다음 선거에서 패배하고 징검다리로 승리한 세바스티안 피녜라 대통령은 2018년 3월 재취임하자마자 위와 같은 개방적 이민정책의 궤도를 전면 수정했다.

2017년 말 단순 100만 명가량의 이민자가 칠레에 있을 것으로 추정한 당국은 이 중 30만여 명이 불법체류 중이라고 의심했다. 이에 대한 대응으로 당국은 2018년 4월, '기여할 수 있는 이민'을 골자로 하는 이민법 개정안을 발표했다.

칠레는 외국인이 관광비자로 도착한 뒤에도 거주 비자를 취득할 수 있었지만, 이제는 불가능해졌다. 장기 거주 계획이 있다면 입국 전 필요한 비자를 미리 취득하도록 한 것이다. 아울러 현재까지의 불법 이민자들에 대해선 자진신고 기간을 통해 등록을 유도하고, 자진신고하지 않고 버티면 단호한 대처로 추방하겠다고 천명했다.

칠레 정부는 외국인들의 수를 정확히 파악하기 위해 노력했고, 인구조사 시 생략된 부분에 대한 보정과 중복 등을 조정하여 783,282의 등록된 수치와 2018년 4월20일부터 12월31일까지 총 467,943명이 추가로 등록되었음을 확인했다. 2018년 말 기준 모두 1,251,225명으로 최종 확인된 것이다.

조사 여건상 불법체류 유형의 수는 파악되지 못했지만, 가장 높은 비율로 분포된 것은 베네수엘라였다. 현 사태를 반영하듯 베네수엘라 출신은 288,233명이었다. 두 번째로 많이 분포한 것은 경제 빈국을 벗어나지 못하고 있는 데다가 50만 명이 넘는 베네수엘라 난민들이 몰려간 페루인들이 223,923명으로 집계됐다. 세 번째는 아이티(179,338), 네 번째는 콜롬비아(107,346), 다섯 번째가 볼리비아(107,713) 등으로 조사됐다.

여기서 최근 급작스레 늘어난 국적은 베네수엘라와 아이티이다. 아이티는 등록된 이주민의 14.3%를 차지하며 최근에 급증한 나라다. 2010년 대서양 대지진으로 31만여 명의 사망자와 300만여 명의 이재민을 발생시킨 21세기 최악의 자연재해가 아이티에서 일어났다.

이후 태풍과 화산폭발 등 크고 작은 자연재해가 꾸준히 발생하

산티아고 도심에서 치안에 대한 홍보물을 경찰들이 나눠주고 있다.

산티아고 메트로폴리탄 대성당 광장. 사람들도 많고 개도 많다.

고, 2016년엔 초강력 태풍인 매슈로 인해 1,000명 이상의 사망자와 6만 명 이상의 이재민이 발생했다. 이후에도 콜레라 감염 등으로 국가 재난 사태가 지속됐다.

아이티인들은 체류 기간에 필요한 재원과 주소만 증명한다면, 비자 없이 90일 관광 입국이 가능했으나, 달라진 이민법에 따라 아이티 내에 있는 칠레 영사관을 통해 30일짜리 단순 관광비자를 신청·발급받아야만 한다.

또한 칠레에 가족이 있는 경우에도 같은 방식으로 12개월짜리 인도주의 목적의 비자를 신청해야 한다. 칠레가 아이티에 대해 비자를 강화한 이유는 2016년부터 15만 명 이상의 아이티인들이 '관광'을 이유로 입국해 80% 이상이 불법체류가 되었기 때문이다.

2017년에만 10만 명이 넘는 아이티인들이 칠레로 몰려들었는데, 보다 못한 칠레 당국은 2018년 3월, 허위서류와 허위여행계획을 가진 239명의 입국을 거부해 자국으로 돌려보냈다. 이 같은 조치는 11월에도 적용되어 176명의 아이티인이 추방됐다. 이들은 정상 경로를 통해서는 넘어올 수가 없으니 브로커에게 적지 않은 수수료를 내고 허위서류를 받는다. 항공 티켓도 아이티인들에겐 결코 적지 않은 금액이다. 결국 이들이 품은 희망에 대한 고통은 이중으로 돌아가는 셈이다.

연금을 개혁하라, 혼돈의 정치

한편 정권을 내줬다가 재집권한 피녜라 대통령은 교수 역임, 은행 및 방송사와 항공사를 운영하며 억만장자 대열에 오른 기업인 출신답게 반이민, 민영화 등 보수파 행보를 본격화했다. 그러는 과정에서 수도인 산티아고의 지하철 요금 인상도 추진하려 했는데 그간의 불평등에 대한 불만이 누적되어 시민들의 분노가 폭발하는 등 도화선이 돼 대규모 시위가 촉발됐다. 이는 도시가 불타는 대대적인 반정부 시위로도 이어져 2020년 1월 지지율이 10%까지 떨어지는 굴욕을 맞는다.

초기부터 시작된 레임덕으로 사실상의 식물정권이 되자 이를 타개하기 위해 반정부 시위대의 주요한 요구인 연금개혁을 수용하겠다고 밝혔다. 개혁의 골간은 고용주들의 기여분을 의무화하고 점진적으로 높여 가입자의 수급을 높이도록 하는 것이다. 칠레는 연금제도가 1981년 이후 민영화로 돌아가고 있어 수급자들에게 돌아가는 연금액이 쥐꼬리라는 불만이 누적돼왔다.

그러나 대통령의 지지율은 6%까지 추락하며 화려한 부활이란 수식어는 뒤로한 채 하원에서 탄핵마저 의결되는 상황까지 몰린다. 가까스로 상원에서 부결됐지만, 결국 아무것도 하지 못하고 임기를 겨우 채우는 데 만족해야 했다.

현재 칠레는 역사상 가장 젊은 1986년생의 정치인을 대통령으

세계에서 가장 건조한 지역이기도 한 칠레의 산맥. 나무가 한그루도 없다.

로 만들었다. 작용에 따른 반작용으로 극좌파 인물로 평가되는 가브리엘 보리치 폰트Gabriel Boric Font가 그 주인공이다. 그러나 그 역시 2022년 3월 취임하여 현재에 이르고 있지만, 국민들의 지지를 크게 얻지 못하고 각종의 개혁안을 발표했음에도 표류하고 있다. 장·차관들의 부정·부패 스캔들이 연일 터지면서 위기 속으로 몰리고 있는 것이다.

결혼도 출산도 어렵구나

2000년대 초반 최초로 2.0 밑인 1.9대의 출산율을 기록한 칠레는 2019년 1.65까지 하락했다. 2016년 총 231,749명이 출생했지만, 이 수치는 2015년에 비해 5.6% 감소한 것이다. 출산율은 이때 1.8에서 1.7로 낮아졌다. 2017년에는 219,186명이 출생해 전년도에 비해 12,563명이 감소했다. 감소 폭은 5.7%였다. 이후 코로나를 거치는 기간인 2020년 194,978명을 기록하며 20만 명 선이 깨진 뒤, 2021년 177,255로 더 떨어지며 2022년엔 1.5를 기록했다.

저출산의 원인으로 젊은이들의 만혼과 늦은 출산을 지목하고 있지만, 이를 막을 수는 없을 것으로 보인다. 칠레 통계청*에 따르면 15~49세의 전체 가임기 여성 중, 20대 여성이 아이를 낳는 비율은 1979년 54.9%를 기록했지만 2016년엔 45.2%로 낮아졌다. 30대의 출산율은 같은 시기 28.2%에서 40%로 늘어나 늦은 출산이 통계로 관측되고 있는 것은 사실이다. 2021년 20대 44%, 30대 46%로 20대 출산율은 낮아지고 30대 출산율이 지속적으로 높아지고 있다.

한편 칠레의 고령화 비율은 2015년 10.4%로 65세 이상 인구가 총 185만 명으로 나타났다. 2022년엔 13%로 상승했고, 이 수치는

---

*   https://www.ine.gob.cl/statistics

산티아고의 어느 공원 놀이터에 유아차를 끌고 온 엄마와 아이들.

2025년까지 270만 명을 기록하며 고령사회의 척도인 14%를 넘어설 것으로 예상된다. 칠레의 인구는 2023년 기준 1,990만을 넘어섰다. 1,800만 대를 유지하던 인구수가 1,900만 대를 넘어 2,000만 시대로 가고 있는 것은 그간의 개방적 이민정책 때문임을 부인할 수 없다. 2023년 칠레에 거주하는 외국인의 수는 150만 명을 넘을 것으로 추산된다.

극심한 양극화. 불평등은 확대

칠레는 중남미에서 비교적 번영하고 안정적인 경제를 가졌다는 평가를 받지만, 최근의 골머리를 앓는 문제 중 하나는 빈민가의

산티아고 도심공원Metropolitan Park of Snatiago에 오르면 전경을 볼 수 있다.

확장 문제다. 급작스러운 이민자의 유입은 돌고 돌아 저소득층의
주택 부족과 임대료 상승에 직면하게 됐고, 오갈 데 없는 하층민
들은 결국 빈민가로 밀려나게 되는 것이다.

2018년 12월 칠레의 주택부가 파악한 빈민가는 식수나 오수처
리, 전기 등의 기본서비스가 확보되지 못한 곳으로써 그 수만 822
개로 확인됐다. 주택의 수가 아닌, 빈민 마을의 수가 822개다. 주
택 수는 총 46,423채로 조사됐고, 이는 2011년의 조사기준으로

78%나 증가한 수치다. 이중 식수를 이용할 수 있는 곳은 약 10% 정도다.[*] 물론 이 수치는 최근에 불어난 불법체류 이민자들과 노숙인들은 포함되지 않았다.

나와 대화했던 산티아고 시민들은 센트럴역 근처에만 2만여 명에 가까운 이민자와 노숙인들이 있을 거라고 말했다. 희망과 절망은 딱 한 그릇씩 주어지는 것일까. 살던 곳에 풍파가 생기고, 새로움을 찾아 떠난 곳도 다르지 않다. 도시는 정말 살만한 곳일까.

난민의 정의

종류	정의
난민	갈등이나 박해를 피하려는 사람들. 국제법에서 정의되고 보호되며, 생명과 자유가 위험에 처한 상황으로, 추방되거나 강제송환 불가.
IDP (국내 난민)	집을 떠나도 자신의 나라에 머물며 정부의 보호를 받는 사람들. 이들은 종종 유엔 난민기구가 인도적 지원을 제공하기가 어려운 곳으로 이동하며, 그 결과 이 사람들은 세계에서 가장 취약한 사람들 중 하나.
자발적 송환	출산국으로 돌아가는 선택. 매년 일부 난민이 자발적 송환을 선택하기도 함. 다른 옵션으로는 제3국에 정착하는 방안도 있음.
망명 신청자	자국이 아닌 다른 나라에서 살 곳을 찾고 그들의 지위에 관한 결정을 기다리고 있는 사람.
무국적자	어떤 나라에서도 국민으로 보호받지 못함. 학교에 갈 수 없고, 의사의 도움을 받을 수 없고, 직업을 구할 수 없고, 은행 계좌를 개설하지 못하며, 주택을 구입하지 못하고, 혼인할 수도 없다. 일반적으로 인구의 나머지 부분에 포함되는 방식으로 계산되거나 등록되지 않으며, 이들의 요구가 의미를 가질 수 없으며 존재도 인정되지 않음을 의미함.

4 ————————————————————————————————————

도시의 격차

세계 최고 소득 실리콘밸리, 움직이는 '22번 호텔'

최저 연봉 1억 3,000만 원의 글로벌 IT 기업 집합소
높은 임대료에 24시간 운행 버스서 잠 청하는 이들

미국. 생각만으로도 가슴 떨렸던 나라다. 자본주의 체제 속에서의 압도적 경제력, 세계의 경찰 역할과 우주방위사령부를 둘 수 있는 국방력, 5대양 7대주의 정보를 파악하고 조율하는 외교력 등 단연 최고이자 최대의 영향력을 자랑하는 나라를 직접 여행한다는 생각 때문이었다.

영화 속에서만 보던 휘황찬란한 밤거리와 드넓은 대지 위에 낮게 지어진 주택들, 대용량 상품을 파는 거대한 마트들. 머릿속에

선 끝없는 생각의 줄기가 이어지고 비행기는 멕시코시티에서 출발해 태평양이 드넓게 보이는 서부 라인을 따라 1만m 상공을 날았다. 나는 긴장한 채로 앉아 차창 밖을 보며, ABCD를 연습장에 적어보곤, 설렘으로 들어갈 준비를 하고 있었다.

로스앤젤레스^{LA} 공항의 활주로를 향해 항공기의 앞머리가 숙여지자 나타난 도시의 풍경은 테트리스를 떠올리게 할 정도로 정교하게 맞아떨어진 모습이었다. 이 도시는 인간의 손으로 만들어진 게 맞는다는 것을 자랑이라도 하듯.

공항에 내리자마자 곧바로 10시간 넘게 버스를 타고 실리콘밸

하늘에서 바라본 미 서부지역 사막 위에 듬성듬성 대단위 태양광 에너지 시설이 설치되어 있다.

리로 향했다. 세계 최고의 유니콘 기업들이 모여 있고, 투자자와 창업가들이 창업 생태계를 만들고 있는 그곳이다. 여행 중 보통 7, 8시간 이상 이동해야 하는 코스는 밤샘 버스를 자주 이용한다. 이동 중에 잘 수 있어서 시간도 벌고 하루 숙박비를 아낄 수 있어서다.

세계 최고의 창업 도시…인재 붙잡기 경쟁하는 기업들

실리콘밸리에는 세계적으로 유명한 대학 스탠퍼드가 있고, 스티브 잡스가 창업을 처음 시작했다는 차고지도 있다. 페이스북, 유튜브, 애플, 구글, 인텔, 링크드인 등 내로라하는 글로벌 정보통신IT 기업의 본사들이 들어서 있다. 아무것도 없다시피 했던 이 도시가 어떻게 전 세계 IT 업계의 산실이 됐는지 그 이유를 알아볼 수 있다는 생각에 매우 들떴다.

세계 최고의 창업 도시답게 실리콘밸리에서 일하는 사람들이 받는 연봉은 한화로 최소 1억 3,000만 원이라고 한다.

실리콘밸리의 이름난 글로벌 기업들을 찾아가 관계자들을 인터뷰하면서 새삼 놀란 것은 직원들이 가족이나 친구들과 보내는 소중한 시간까지 빼앗지 않아도 기업은 얼마든지 발전 가능하다는 걸 생생히 볼 수가 있었다는 점이다.

예컨대 팀장은 회사를 옮기려는 팀원에게 '업무 성과를 좀 더

게임 '테토리스'를 떠올리게 하는 미국 캘리포니아주 로스앤젤레스의 도시 규획

높여서 더 좋은 조건으로 이직하는 게 어때'라고 조언한다. 여느 기업들처럼 팀원이 낸 성과를 자신의 성과인 것처럼 포장하는 나쁜 모습을 보여주기보다는 팀원이 겪는 어려운 점들을 살펴주고, 더 좋은 조건을 만들어주는 것이 자신의 역할이라 여긴다. 회사는 팀원들이 성과를 내면 낼수록 팀장 역시 함께 성과를 내는 것으로 평가하는 구조기에 가능하다. 팀장으로서는 팀원이 잘되면 나도 잘되는 것이라는 생각을 하게 되는 것이다.

실리콘밸리에 기업이 몰리고 사람이 몰리는 이유는 기업들이 인재가 빠져나가는 것을 막기 위해 다른 회사보다 좀 더 좋은 환경을 만들어 주고, 이런 경쟁이 자연스럽게 더 많은 인재를 끌어들이게 하는 힘으로 작용하기 때문인 것 같다.

실리콘밸리 기업들의 특징은 다음과 같이 정리해볼 수 있다. 사

실리콘밸리 안에 있는 기업들의 배치도

실리콘밸리에 있는 구글 본사 내부. 시도 때도 없이 먹어도 된다.

람 하나하나를 가족으로 생각하는 회사. 이 사람이 떠나면 조직 내에 무슨 문제가 있는지 되돌아보며 끊임없이 불편한 점이 없는지 따져보는 회사. 내일 해고당할 수 있지만, 내일 그만둬버릴 수도 있는 회사. 다양한 밥과 간식이 무제한 제공되고, 친구와 가족을 초대해 별도의 비용을 들이지 않고도 함께 즐길 수 있는 회사. 그에 앞서 눈치를 받거나, 핑계 삼을 이유를 찾지 않아도 되는 회사 등이다.

치솟은 임대료에 고액 연봉자도 집값 내기 버거워

실리콘밸리의 유튜브 본사.

하지만 도시엔 늘 화려함만 있는 게 아니다. 실리콘밸리가 있는 캘리포니아주 산호세는 중산층의 평균 연 소득이 약 4억 원이라고 한다. 앞서 말한 대로 실리콘밸리 최저 연봉인 1억3,000만 원을 받더라도 이곳에서는 저소득층이라는 말엔 입이 다물어지지 않았다. 심지어 만만치 않은 소득세와 비싸기로 소문난 집값을 생각하면, 연봉이 2억 원이라 해도 200~300만 원이 넘는 월세살이를 감당해야 하는 상황이다.

IT 기업의 승승장구는 전 세계의 고액 연봉자들을 불러모았지만, 주택 증가율은 이를 뒷받침하지 못하고 있고, 살 집이 부족하다 보니 집값과 임대료 상승을 부추겼다. 실제로 구글의 몇몇 직원들은 먹고 씻는 것은 회사 시설을 이용하고, 잠은 캠핑카를 사서 해결하는 식으로 임대료를 아끼고 있었다. 페이스북은 사원 아파트 공급 계획을 세우고 건설에 들어가기도 했지만, 실리콘밸리 전체의 주거 문제를 해결하기엔 한계가 뚜렷해보였다. 필자가 들렀던 2018년과 2019년은 도심의 임대료가 역대 최고치를 기록했던 때였다.

요금도 받지 않는 노숙인들의 '호텔' 22번 버스

멀리서 보았을 때는 세상 그 어떤 곳보다도 화려해보이던 도시를 조금씩 걸어들어가 하나둘 알아갈수록 생각지 못했던 어두운 현실을 접하게 된다. 실리콘밸리의 양면을 보게 된 것은 누군가가 들려준 '22번 호텔'의 존재를 알고 부터였다. 22번 호텔은 실리콘

22번 버스에서 잠을 자는 승객들.

종점에 도착해서도 내리지 않고 왔던 길을 되돌아간 이들.

밸리의 한복판인 팰로알토부터 2시간 거리에 있는 이스트산호세까지를 24시간 순환하는 버스의 별칭이다.

이 버스는 낮엔 주로 시민들이 이용하지만, 밤이 되면 그 빈자리를 노숙인이 채운다. 잠잘 곳이 없는 홈리스들은 처마가 있는 건물이나 공원 등을 떠돌고, 몇몇은 22번 버스 안에서 왕복하는 4, 5시간 동안 눈을 붙이는 것이다. 나는 모자를 눌러쓰고, 새벽의 찬 공기를 견디기 위해 운동복 차림으로 밤 11시쯤 22번 호텔에 올랐다. 운전기사는 나를 노숙인으로 봤는지, 내게 돈을 내지 말고 들어가라는 신호를 했다. 출발지에서 종점까지 요금이 편도 2달러, 왕복 4달러라고 들었는데, 기사는 요금을 받지 않았다.

종점인 이스트산호세에 도착해서도 운전기사는 "종점에 도착했으니 내리세요"라고 말했지만, 실제 내리는 사람은 서너 명에 불과했고, 그 사람들마저도 잠깐 바람 쐬고 다시 버스에 올라탔다. 순환버스가 30분 정도 멈췄다가 다시 출발할 때도 기사는 나를 포함해 타고 있던 사람들에게 요금을 따로 받지 않았다. 버스비가 굳어서 내심 쾌재를 불렀지만 묘한 기분은 어쩔 수 없었다.

IT 기업 몰려들며 임대료 상승… "노숙인 쉼터는 부족"

이들 중엔 일자리가 아예 없는 이들도 있었지만, 멀쩡한 직업을 갖고 있음에도 22번 호텔에 오르는 이도 있었다. 제임스 쿡은 조심스레 묻는 내게 "마트에서 버는 월급으로는 집 임대료를 감당할 수 없기 때문"이라고 말했다. 도시의 비정함이 느껴졌다. 물론 다른 도시들처럼 산호세 역시 저소득층을 위한 임대주택, 주택비 보조 등의 정책들이 실행되고 있고, 무엇보다 임대료 규제^{rent-control}정책도 시행되고 있다.

그러나 공실률은 미국에서 가장 낮은 3% 이내를 기록하고 있고, 집주인이나 정부가 지원하는 주택 역시 좋은 직업이나 높은 신용도를 가진 사람에게 임대하려고 하기때문에, 그는 "그런 제도가 우리들을 포함하고 있지 않다"라며 서운한 감정을 드러냈다.

세계 최고 소득의 도시에서 밤만 되면 나타나는 이러한 현상에 아이러니함을 느꼈다. 옆 도시 샌프란시스코에서는 심지어 노숙자 세금을 기업에 물려야 한다는 논쟁까지 벌어지고 있었다. 세금 부과가 필요하다는 이들은 연봉 높은 IT 기업들이 몰려들고 그 직원들이 살 집을 경쟁적으로 구하느라 임대료가 올라가고 그 결과 집값 감당이 어려운 시민들을 노숙인으로 만들고 있다는 논리를 펴는 것이다.

종점에 도착한 뒤, 어디론가 가려는 운전기사를 붙잡고 짧은 얘기를 나눌 수 있었다. "노숙인들이 버스를 타기 시작한 것은 십수 년 전의 일"이라는 그는 "갈수록 노숙

호텔이 반환점인 이스트산호세에 도착했음에도 이들은 내리지 않았다.

인 수가 늘어나 이들을 수용할 수 있는 노숙인 쉼터 같은 공간이 부족한 것이 문제"라고 지적했다. 실제로 산타클라라 카운티의 노숙인 숫자는 2017년 기준 7,394명으로 거대도시 뉴욕과 LA 등에 이어 7번째로 많다.

나는 버스의 앞칸과 중간, 뒷칸으로 자리를 바꿔가며 여러 시야를 갖기 위해 노력했다. 버스 안에는 엔진 소리와 '치이이익' 문 여닫는 소리, 그리고 코 고는 소리가 뒤섞여 이상한 협주를 듣는 것 같았다.

그중에는 부부로 보이는 노숙인도 있었는데, 이들이 쓰는 언어가 중국어인지, 다른 언어인지 구별할 수조차 없었지만, 행색은

실리콘밸리 일대를 24시간 운행하는 22번 순환버스가 정류장에 멈춰
서 있다.

이방인처럼 보였다. 잡동사니를 담아둔 여행 가방과 비닐봉지를
소중히 잡고 있었지만, 잠이 깊어지면 그마저 손에서 떨어져 나가
버스 복도에 나뒹굴곤 했다.

　이들은 어쩌다가 집 없이 떠돌게 되었을까.

코로나19가 낳은 버스 운행 단축… 노숙인들 갈 곳 없어져

버스 기사는 걸음을 재촉하면서도 22번 버스의 운행 시간을 단
축하자는 얘기가 나오고 있다고 귀띔했다. 버스회사인 VTA^{Valley}
^{Transportation Authority}의 적자가 연 2,000만 달러이고, 이를 만회하기
위해 새벽 1~4시 운행을 중단하려 한다는 것이다. 이 계획은 당시

의회의 반대로 실현되지 못했지만 2019년 이 지역은 일시적 노숙자들을 포함해 연간 1만8,000명의 노숙자가 존재했다.

전 세계 엔지니어들의 꿈의 도시 실리콘밸리는 천문학적 가치를 뽐내며 부와 명성을 쌓았지만, 가보지 않았더라면 알지 못했을 도시의 양극화를 눈으로 확인시켜줬다.

실리콘밸리는 신종 코로나바이러스 감염증(코로나19) 확산으로 재택근무를 하는 기업들이 많아졌고, 도심의 비싼 임대료를 피해 외곽으로 옮기는 이들도 늘고 있다. 따라서 시내의 주택 임대료는 5~20%가량 내렸고, 이를 틈 타 버스회사들은 의회의 반대를 뚫고 결국 단축 운행을 현실화시켰다.

이제 노숙인들은 어디에서 잠을 청해야 할까. 주택 정책과 일자리 정책의 사각지대로 밀려난 이들을, 의료 정책이라고 살뜰히 챙겨줬을까 싶다. 캘리포니아는 2020년 8월 1일 50만 명 이상의 코로나19 감염자가 나왔고, 사망자는 9,000여 명을 기록했다. 이후 코로나19로 인한 사망자 수는 2023년 9월 기준 103,498명으로 불어났다.[*] 아울러 2022년 기준 미국 전역의 노숙인은 65만3천 명으로 홈리스 인구 추산 통계상 가장 많은 수로 불어났다. 캘리포니아는 이 중 28%를 차지하며 가장 많은 노숙인을 양산하고 있다.

[*]   https://covid19.ca.gov/ko/state-dashboard/

나이바샤 호수와 장미의 비밀

물은 누구의 것인가

케냐의 나이로비에서 서북쪽으로 버스를 타고 한 시간 떨어진 곳에 나이바샤 호수가 있다. 나는 반대로 우간다에서 케냐의 나이로비로 돌아가는 길에 이곳을 들러 며칠을 묵었다. 이곳은 전 세계 최대의 장미 생산단지로도 유명하다. 현지인을 수소문해 그와 함께 장미 공장이 내려다보이는 산꼭대기로 올라갔다. 한 눈으로 들어오지 않아 고개를 돌리며 시선에 담는 것은 물론 사진에조차 다 담을 수 없을 정도로 그 규모가 매우 거대했다.

현재 전 세계에서 가장 큰 꽃 거래시장은 네덜란드에 있는 플로라 홀랜드이다. 전 세계 거래량의 80%가 이곳을 통하는 것으

화훼공장이 빼곡히 들어차 있는데, 추가 장미재배 하우스를 짓기 위해 기반 공사를 하고 있다.

로 알려졌다. 하루에 무려 2천만 송이에 달한다. 그중 약 40%가량
을 영국과 독일, 프랑스가 구매하는 것으로 전해진다. 수많은 꽃
중에 가장 많은 품목은 바로 장미다. 이곳에서 거래되는 장미의
70%가 케냐산이다. 왜 유럽 장미를 아프리카에서 재배할까.

전 세계 분업체계가 그렇듯 대부분 생산 단가에 그 이유가 있
다. 하우스를 건설하고 이를 유지하는데 필요한 에너지, 그리고
인력 비용을 유럽에서 감당하기엔 타산이 나오지 않는다. 거기에
화훼농업엔 기후는 물론 안정적 물 공급도 필수요소다. 이 모든
장단점을 보완하고 충족시킬 천혜의 장소가 나이바샤 호수이다.

초록색 철문엔 플라워비지니스파크라고 쓰여 있고, 출입은 통제되고 있다.

간판에 쓰인 회사만 14개다. 나이바샤 주변으로 약 50여 개의 회사가 넘는 것으로 알려졌다.

장미재배 회사는 네덜란드뿐 아니라 독일을 비롯한 여러 나라에서 진출한 상태다. 2018년 당시에도 하우스 설비 공사가 한창이었다.

물론 지역 사회에서는 일자리 창출로 소득원이 생겨 좋은 점도 있지만, 화훼산업이 연간 4억 달러(약 5천 억)를 벌어들이는 등 점차로 커지자 전국 각지에서 나이바샤로 일자리를 찾아온 이들도 많다. 지역 경제발전의 거의 유일한 수단이기도 하다. 넘쳐나는 노동력은 거꾸로 회사의 지위를 공고히 하여 월급을 올려줄 때쯤 노동자를 해고하고 새로운 노동자를 고용하는 것으로 악용되고 있기도 하다.

문제는 또 있다. 장미 나무 한 그루를 온전히 키우기 위해서는 매일 1.5ℓ의 물이 필요하고 이를 한 송이로 나누면 송이당 약 10ℓ의 물이 소요된다. 50개가 넘는 회사들이 매년 수천만 톤의 물을 사용하며 호수의 물을 쓰고 있는데, 예년에 비해 호수의 수위가 계속 낮아지는 추세다. 호수 주변엔 전용 펌프와 물이 지나는 호스가 설치되어 있어 사람들의 접근이 차단되고 있다. 태어나고 자란 마을인데 호수를 구경하기조차 어려운 일이 되어버린 것이다.

여기에 호수에서 물고기를 잡아 팔던 어부들도 수확량이 대폭 줄어 수입이 없어졌는데, 이는 장미재배에 사용되는 화학약품 때문이라는 문제 제기도 공개적으로 나온 바 있었다. 꽃 재배에 사용되는 화학약품이 호수로 스며들었다는 의심에 따라 인근 대학의 연구자는 100가지가 넘는 생명 파괴물질, 온갖 종류의 농약을

아이들이 물을 길으러 물통을 들고 모여 기다리고 있다.

나이바샤 호수. 현지인의 차를 타고 들어가 넘실대는 호수를 볼 수 있었다.

통해 꽃이 재배되고 있는 현실은 분명한 인과관계가 있다고 말한다.

수도시설이 없어 한 동이 한 동이 물을 사다 쓰거나 먼 거리를 오가며 길어다 쓰는 나이바샤의 일부 사람들은 나이바샤를 빼앗긴 채 그저 바라볼 수 있는 조망권도 누리지 못하고 있다. 사람들은 나이바샤에서 생산되어 유통되는 장미를 '슬픈 장미'라 부른다.

물 전쟁을 대비하라

지구촌 도시 대부분은 아스팔트와 시멘트로 뒤덮였다. 내리는 빗물은 땅으로 스며들지 못하고, 하수도를 따라 강으로, 바다로 유실된다. 지표면에 물과 흙은 보이지 않고, 태양을 반사하는 돌덩이뿐이다. 유럽에서는 흙을 보기가 참 어렵다. 아프리카에 갔을 땐 흙먼지로 고생했지만, 그래도 흙길을 많이 밟았다. 그런데 그마저도 중국의 지원을 통해 아스팔트로 덮이고 있었다.

성장이 정체된 국가와 글로벌 기업들은 여력이 많이 남은 곳으로 보이는 중앙아시아로, 아프리카와 남미로 달려가 성장을 시켜주겠다고 한다. 다리를 놓아주고, 아스팔트를 깔아준다. 그 이면엔 자동차기업이 진출하고, 건설회사가 진출한다. 남아공은 도시화가 진척돼 대게의 도시가 시멘트로 덮여 있다. 머지않아 상당한 면적의 아프리카 땅도 아스팔트로 덮일 운명이다.

탄자니아 아루샤 흙길, 대로변 중심으로 아스팔트 공사가 한창.

　시장이 형성되어 소비력이 생기면 어김없이 자동차를 끈다. 기름을 때야 하고, 그 매연은 우리 몸으로, 지구의 허파로 들이닥친다. 7시에 해가 떠 7시에 해가 지는 12시간 동안의 태양열도 뜨거운데, 우린 더 많은 자동차를 팔아야 하고, 더 많은 핸드폰과 배를 만들고 있다. 12억 인구의 아프리카 인구가 모두 자동차를 갖게 되면 지구는 어떻게 될까. 14억의 중국인과 14억의 인도인은?

　더운 여름을 피하기 위해 역설적으로 에어컨을 만들어 에너지

케냐 나이로비의 교통체증

를 사용하고, 더 많이 팔기 위해 마케팅에 천문학적인 돈을 쏟아 붓는다. 이를 위해 소요되는 전기생산을 위해 원전을 짓고, 냉각에 필요한 핵심 요소인 물을 강과 바다에서 얻는다. 그러나 강은 온도가 올라 녹조 강이 되고 있고, 바다 역시 빙하가 꾸준히 녹을 만큼 온도가 상승하고 있다. 지구 차원의 냉각수 역할은 지속적 감당이 가능할까.

우리는 끊임 없이 소비하고 있다. 그리고 더 갖기를 멈추지 않고 있다. 남들보다 소비를 더 할 수 없거나 더 가질 수 없어서 상대적 박탈감을 느끼고 비교 속에 의기소침해진다. 대게가 그렇듯 우리가 소비하거나 소유하려는 것들은 끝내 버려진다. 그런데 그 버려진 것들이 쓰레기가 되어 우리의 삶을 총체적으로 덮치고 있다.

더 나은 미래는 어떤 것일까. 좋은 학교에 다니고 돈을 많이 주는 기업에 들어가 큰 집에 살고, 자동차를 사고, 필요한 것을 살 수 있게 되면 우린 행복할 수 있을까. 우리가 걱정하는 사안의 대부분은 나에게서 비롯된다는 것을 깨달을 시점이 올까. 그때가 되면 우리는 바꾸기 위한 행동을 하게 될까?

이미 최첨단 기술과 기계에 익숙해져 누릴 것을 누리는 '우리'가 아직 우리 수준에 도달하지 못한, 그리고 도달하려는 '저들'을 못하게 또는 덜하게 막을 수 있을까. 그건 정당한 것일까.

실버레이크타운 옆 3km

아파르트헤이트와 최악의 빈부격차의 나라

아파르트헤이트라는 인종차별 정책은 백인이 정치경제사회문화의 주인으로 행세하고, 흑인들은 주인들을 위해 존재하는 악세사리쯤으로 치부했다. 대도시 중심가에 사는 것 자체가 불법이었고, 흑백의 성관계도 불법이었다. 도시로 들어오려면 허가증이 있어야 했고, 백인과 같은 시설을 이용할 자격도 주어지지 않았다. 허가증이 없는데 적발되면 바로 체포됐다. 유색인종과의 혼혈은 피가 더러워진다는 규정을 받았고 이는 다른 말로 한 방울 원칙이라 불리기도 했다.

길게는 350여 년의 인종차별과 짧게는 근 50여 년간의 인종분

공항 게이트를 나오자 넬슨 만델라 동상이 반긴다. 벽에 걸린 삼성의
갤럭시 광고도 눈에 띄었다.

리 정책을 겪어온 나라.

그러면서도 아프리카 최고의 경제 대국으로 자리매김했고, 남
아공의 도시들의 겉면은 유럽에 견줘도 손색이 없을 정도다. 그
런 남아공이 1994년 흑인 인권운동가 넬슨 만델라를 대통령으로
만들며, 흑백차별 철폐와 평등을 향해가는 나라로 전환됐다. 내가
남아공을 찾은 2018년은 남아공의 영웅, 흑인의 영웅, 아프리카의
영웅, 세계 인권사의 영웅 만델라가 탄생한 지 딱 100년이 되는 해
였다. 영웅은 잠들었고, 이제 남아공은 어떤 상황일까. 나는 다른
기대를 품고 탄자니아의 다르에스살람을 출국해 양 국가 사이에
있는 말라위와 모잠비크 상공을 날아 요하네스버그에 도착했다.

예상외로 잘 닦인 도로와 신식 건물이 들어찬 남아공의 도시 상공 모습.

처음부터 다 털린 전 재산

젠장, 남아공. 마음속에 천불이 일었다. 가슴 떨림이 멈추질 않았다. 분노도 치밀고. 남아공에 오기 전부터 많은 이들이 이 나라는 조심하라고 일러줬다. 도착해서 도시 정보 인터뷰를 하는 내게 여기는 치안이 너무 안 좋다고 이구동성으로 말해줬다. 몇 가지 수칙을 얘기해줬는데, 혼자 다니지 말 것, 버스 타지 말 것, 지정된 지역 외에 다른 지역은 가지 말 것, 신분증은 꼭 챙기고 돈은 되도록 가지고 다니지 말 것 등이었다. 권총 강도, 칼 강도도 많이 일어나며, 공권력이 시민들과 외국인을 보호해야 한다는 생각 자체를 안 하고 있기 때문에 스스로의 안전은 자신이 지켜야 한다는 것이다.

그런데, 도착한 첫날 저녁 경찰들에게 돈을 뜯겼다. 실은 뜯긴지도 모르고 당했다. 삐뽀삐뽀~ 요란한 소리를 내며 내 옆에 선 경찰차에서 두 경찰이 내려 다짜고짜 손을 머리 위로 올리고 돌아서라 했다. 한 사람이 내 몸수색을, 다른 사람이 내 가방 구석구석을 뒤졌다. 한 명이 내 지갑을 흔들며, 여기에 10달러짜리 지폐가 왜 있고 어디에서 났냐고 화를 내며 소리쳤다. 이해가 가지 않았지만 그게 왜 문제냐고 따져 물었다. 나는 정신을 바짝 차리고 가방과 지갑 모두를 시야 속에 두고는 그들의 소란스러운 행동에 답을 하며 버텼다.

그런데 갑자기 '다음에 또 걸리면 경찰서로 끌고 갈 거야'라는 말을 남기고 순식간에 떠나버렸다. 위기를 모면했다는 안도감도 잠시, 숙소에 들어와 확인해보니 아뿔싸… 가방 속에 넣어둔 돈 중 일부가 사라졌다. 전 세계를 다니며 작은 단위의 화폐를 기념으로 모아둔 봉투였다. 거기엔 환전했다가 미처 다 쓰지 못하고,

다시 방문하면 쓰려고 남겨둔 지폐들도 있었는데 이를테면 유럽의 유로화, 아랍에미리트 지폐, 중국 위안화, 한국 5만 원권, 달러 등이 포함돼 있었다. 내가 가진 전 재산이었는데, 다 털려버린 것이다. 봉투엔 물질 가치가 거의 없는 나라들의 가벼운 지폐들만 남아 있었는데, 그들은 그 짧은 시간에 큰 단위의 돈을 알아채고 가져갈 만큼 익숙한 솜씨를 가지고 있었다.

망연자실했다. 그들이 누군지, 어디서 근무하는지도 모르고 당해버린 것이다.

'벼룩의 간을 빼먹어라! 이 부패한 경찰 놈들.'

남아공의 요하네스버그는 여느 아프리카 도시와는 다르게 정돈된 모습을 손색없이 갖추고 있었다. 과거의 백인 정부 시절 인프라는 어느 정도 갖추어두었기 때문에 외형은 한국과도 비슷할

남아프리카의 지폐엔 영웅 만델라의 얼굴이 들어가 있다.

정도였다. 그러나 흑인 정부로 바뀌고 난 뒤부터는, 더 정확히는 만델라가 물러난 이후엔 일당 독주체제를 굳히고 부패의 늪으로 빠져들어 가니 최고위직부터 말단까지 악취가 나지 않는 곳이 없다. 대중교통도 위험하다니 말 다 했지. 화려한 도시 외형과 인종차별정책이 백인 정부의 명암이라면, 흑인들의 기회 확대와 부정부패 역시 흑인 정부의 명암이 아닐까.

당장 다음날부터 잡혀 있는 미팅 장소들로 어찌 이동해야 할지, 막막했다. 분함과 떨림이 멈추질 않았다. 정확히 지구 반대편인지라 돌아올 수도 앞으로 계속 나아갈 수도 없는… 그런데 이 기억

넬슨만델라스퀘어에 설치된 동상과 옆의 100이란 숫자와 배경에도 탄생 100주년 기념 현수막이 붙어 있다.

을 계속 머릿속에 가득 채워둘 수 없었다. 이것도 내겐 좋은 경험이다. 이 생각을 하고 얼른 접어버렸다.

'흑… 저들은, 저들이 무슨 일을 저지르고 있는지 알지 못하나이다. 저들을 용서하게 하옵소서. 후… 나는 관대하다. 관대하다… 시간이 얼른 갔으면 좋겠다…'

2018년 8월 2일- 페이스북

참, 고맙습니다. 엊그제 경찰에 당한 금액이 저로서는 매우매우 큰 금액이었는데, 이 사실을 말하면 한국인들도, 현지인들도 이구동성으로, '웰컴투 싸우스 아프리카!!'로 반응해 줍니다. 진짜 이 나라를 경험했구나! 라는 의미입니다.

내일은 케이프타운으로 갑니다. 흑인 정부가 들어온 만델라 이래로 흑백차별을 해소하기 위해 많은 노력을 기울여 온 남아공인데, 흑인주도의 정치가 지속되면서 사회 곳곳에서 많은 문제가 일어나고 있어요.

최근엔 노동비자 연장 문제, 불법체류자 문제, 27%에 달하는 실업문제, 여성 아동 폭력 문제, 임금 상승 등의 파업 문제가 있고, 이 모든 문제가 난마처럼 얽혀, 아프리카 최고 경제국의 지위를 갉아먹고 있습니다.

어떤 힘겨움이 있는지, 비교적 남아공 내에서 안전하며, 관광도시, 국회가 있는 입법 도시로도 알려진 케이프타운에서도 좀 탐구해보려 합니다. 공항은 주로 목표물을 물색하는 곳이라고 하는데, 제가 되지 않기를 기도합니다.

할당제의 명암

그동안 억압당해온 흑인들은 경제정책의 영역에서 백인에게 편중된 부와 기회의 평등을 실현하기 위한 조치를 하나둘 해나갔다. 만델라 정부가 들어서자 정부조달과 입찰 등에서 흑인들에게도 우월적 기회를 명시하는 제도도 이때 만들어졌다. 이후 2003년엔 이를 구체화하는 BEE법B-BBEE:Broad-Based Black Economic Empowerment을 제정했다.

포괄적 흑인 경제육성법으로 일컬어진 이 법은 그간 백인으로 기울어진 경제 질서를 바로잡으려는 취지를 갖는다. 지분, 임원, 노동자 등의 수에서 흑인 비율이 할당되고, 수치가 높을수록 정부 일을 따낼 가능성을 높이도록 설계됐다. 참고로 BEE 정책에서 흑인의 정의는 2003년엔 아프리카 흑인, 흑백 혼혈, 남아공 태생의 인도 후손이었으나 2013년 개정에선 남아공 태생 및 이민자 후손인 남아공 시민권자, 1994년 4월 27일 이전에 시민권을 획득한 귀화 외국인을 추가했다.

이 법은 최초 제정 시엔 자발적 이행으로 한정됐지만, 이후엔 강제적 준수로 강화됐고, 현재에 이르러서는 위반에 따른 처벌조항까지 명시됐다. 흑인지분율이 51% 또는 100%에 달해야만 정부조달과 입찰 시 유리하고, 정부와 일하지 않더라도, 간접적인 영향권에선 평가 요소에 들어가므로 믿을만한 흑인을 찾아 지분을 부여하는 것이 매우 중요한 일이 됐다.

이러다 보니 남아공 흑인 중 일부는 법의 맹점을 이용해 단지 흑인이라는 이유로 이름을 빌려주고 수수료를 떼가는 등의 행태가 나타났다. 또 다른 경우엔 51%의 지분을 가졌기에 실제 주인이 아님에도 기업을 강탈당하기도 한다. 따라서 신뢰할 만한 흑인 파트너를 찾는 것이 남아공 사업에서 매우 중요한 일이 돼버렸다. 결국, 소수의 흑인 파트너들이 이 기업, 저 기업에 중복으로 이름을 빌려주고 돈을 버니, 신종 흑인 기득권이 생겨났다.

2018년 2월 부정부패 혐의만 137개로 알려진 주마 대통령이 탄핵으로 물러나고, 과거 만델라 정부의 2인자였던 시릴 라마포사가 새로운 대통령으로 당선됐다. 만델라 이후 대통령 후보로 나섰지만 낙선 후 경제인으로 변신을 시도, 남아공에 맥도날드와 코카콜라 등을 들여와 운영하는 등 막대한 부를 축적하고, 무너진 남아공 경제를 살리겠다는 구호로 흑인들의 기대를 한 몸에 받아 정치권으로 화려하게 복귀했다.

특히 소속된 아프리카민족회의(ANC)당 내 주마 대통령의 전 부인과 맞붙은 경선에서 백인들이 소유한 땅과 부동산을 흑인들에게 나눠주겠다는 공약으로 열렬한 지지를 받아 승리했다. 그러나 그런 주장과 별개로 짐바브웨의 독재자 무가베의 사례를 알고 있는 이들은 이를 이행하기 쉽지 않을 것이란 시각이 주를 이룬다. 무가베는 백인 땅을 몰수 후 흑인들에 나눠주었는데, 살기 힘들어진

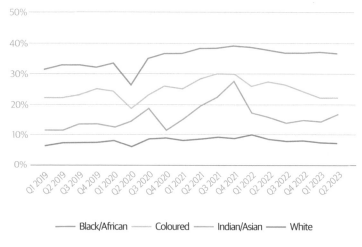

50%
40%
30%
20%
10%
0%

Q1. 2019 Q2. 2019 Q3. 2019 Q4. 2019 Q1. 2020 Q2. 2020 Q3. 2020 Q4. 2020 Q1. 2021 Q2. 2021 Q3. 2021 Q4. 2021 Q1. 2022 Q2. 2022 Q3. 2022 Q4. 2022 Q1. 2023 Q2. 2023

—— Black/African —— Coloured —— Indian/Asian —— White

현재 남아공 인종별 실업률. /출처 statista 2023

백인들이 타국으로 떠나면서 짐바브웨 경제가 속절없이 무너져버렸기 때문이다.

특히 치솟은 실업률은 2018년 당시 정부 공식 발표치가 27%에 달하고, 체감은 40% 이상, 청년실업률은 50%에 달한다는 것이 중론이다. 흑인 경제육성법과 교육 기회 제공을 위해 대학 정원에서 흑인을 할당함에 따라, 백인정권하에서의 상황에 비해 흑인들의 상황은 대폭 개선됐다. 하지만 인위적 수단 때문에 또 다른 문제점들이 야기되고 있어 어려운 현실을 타개할 대책을 세우기가 쉽지 않아 보인다.

예컨대 대학 정원 할당제의 경우, 실력을 기준으로 볼 때 미달하는 수준임에도 할당제에 따라 학생을 받을 수밖에 없다. 따라서 학업성취에 문제가 나타나고, 대학 교육의 전반적인 수준이 낮아지는 문제가 생겼다. 우수한 교수진들 역시 학교를 등지고 해외로 떠나갔고, 대학의 교육 수준은 하락에 따라 순위 또한 추락하는 등 악순환의 굴레가 생겼다.

흑인 경제육성법의 경우도 전에 비해 흑인 노동자들의 지위나 권한이 나아졌지만, 여전히 고위 경제권은 백인들이 쥐고 있고, 이에 대적해 소수의 흑인이 막대한 부를 축적하고 있는 등 흑인사회 내부에서의 불평등 심화도 새롭게 대두되는 문제다. 또한 노동법이 강력해 해고가 불가능하고, 파업이 잦아 자본가들의 투자 역시 매우 위축됐고, 실제 손을 털고 떠나는 기업들도 있다.

내가 머무르던 기간인 2018년 8월 1일엔 철도 노동자 파업이

프리토리아 대학.

있었다. 대중교통이 잘 정비되어 있지 않은 남아공에서 그나마라도 존재하는 철도의 파업에 나는 엄청난 교통비의 출혈을 감내해야 했다. 파업 이유는 임금인상인데, 교섭 당국은 8.5% 인상안을 제시했고, 노동자들은 10% 인상을 요구하며 파업한 것이다. 보통은 행정부가 위치한 프리토리아에서 타이어를 태우거나 하는 등의 시위를 하지만, 케이프타운에선 기차를 불태우는 등 과격 양상을 띠기도 한다.

정규직이 되면 회사가 망하기 전까지 안정적 노동지위를 누리게 되지만, 신규 노동자의 진입은 거의 이뤄지지 못한다. 게다가 상대적으로 일자리가 많고, 임금이 높은 남아공으로 짐바브웨, 모잠비크, 말라위, 보츠와나 등지의 더 가난한 나라에서 남아공 사람보다 절반만 줘도 일을 하겠다며 입국한 불법체류자들의 문제도 매우 심각하다. 과거 남아공의 인권운동 시절 백인 정권의 폭압에 맞섰던 인사들은 위 나라들에 숨어들어 도움을 받은 적도 있어 이들 나라에서 오는 이주자들을 내치지 못하고 있는 현실이 맞물린 탓이다.

이렇다 보니 일자리와 임금의 정체로 불만이 쌓여 몇 년 주기로 제노포비아(외국인혐오)로 인한 유혈사태가 벌어지기도 한다. 10여 년 전 처음 일어난 사태에선 모잠비크 청년이 타이어 속에 끼워져 불태워지는 등 60여 명의 사망자와 수천 명의 이주자 등 난민들이 삶의 터전을 빼앗기기도 했다. 그래도 여전히 주변국에서는 그나마 형편이 나은 남아공으로 몰려든다.

주변국은 더 최악의 최악 상황

상황을 이해할 수 있는 당시의 신문보도를 접했는데 이에 대한 배경을 소개한다. 남아공에서도 톱뉴스는 인접국인 짐바브웨 대통령 선거였다. 수많은 설화를 일으켰던 무가베 대통령은 2009년 워싱턴포스트지에서 세계 최악의 통치자 1위에 선정될 만큼 엽기적인 통치자였다. 1980년 영국으로부터 독립하며 무려 37년간 집권했다. 독재와 경제 파탄 등을 일으켰고, 2017년 당시엔 무려 93세에 달했다. 그럼에도 권력 끈을 놓지 않고 대통령직을 자신의 아내에게 넘기려고 유력한 대선후보이자 자신의 측근인 음난가그와 전부통령을 파면하면서 쿠데타의 불씨가 당겨졌다. 영부인인 그레이스 여사 또한 해외 명품쇼핑 등 설화가 끊이지 않았던 인물이다.

결국 독재자 무가베가 물러나고, 음난가그와 임시 대통령 치하에서 2018년 7월 30일 대선이 치러졌다. 무가베와 동지였지만 아내에게 대통령을 물려주려는 판단에 반대하며 마지막엔 적이 된 군부 출신의 고령자 음난가그와 후보에 맞서 인권변호사 출신, 야당의 40세 젊은 피의 차미사 후보가 돌풍을 일으키며 등장했다. 여론지지도에서 50:50을 보이며 예측불허의 대선이 될지도 모른

다는 기대감이 있는 동시에 군부에서 부정선거를 모의할 것이라
는 의심도 존재했다.

그러한 상황에서 선거 결과는 역시 군부 출신의 음난가그와 후
보의 승리였고, 야당과 지지자들이 반발, 사망자와 사상자가 나오
는 등 격변으로 몸살을 앓았다. 이러한 기사로부터 다시 5년의 세
월이 흘렀다. 2023년 8월 27일 치러진 짐바브웨 대선에선 80세의
음난가그와 현직 대통령과 변화를 위한 시민 연합당 대표인 45세

죽음의 시위 이후의 침묵이라는 제목 아래 군인들이 거리를 메운 짐바브웨의 모습.

의 차미사 후보가 맞붙었다. 결과는 52.5%대 44%로 음난가그와가 재선에 성공했다. 일각에서 투명한 과정이 아니라며 반발했고, 민주적 절차에 대한 문제 제기도 여전하다. 세계 최빈국 짐바브웨의 경제난은 고질병이 되었고, 실업률, 살인적 물가에 신음하고 있다.

한때 민주화와 독립운동의 지도자들이 영웅화되어 나라의 대통령이 됐지만, 남아공의 만델라를 제외하곤 대부분 독재, 부정부패 통치의 길을 걸었거나 걷고 있다. 여긴, 한국의 1960~1970년대 수준에 머물러 있고, 권력자들의 부정부패, 공무원들의 부패가 활개를 친다. 그리고 빈약한 교육, 투자되지 않는 교육, 중요시되지 않는 교육으로 앞으로도 나아질 기미가 잘 안 보인다.

이들은 다시, 남아공으로 향하고 있다.

3m 장벽의 아이러니

문제는 지속된다. 높은 실업률과 저소득 이주자의 증가로 빈민 흑인들이 매우 많다. 이를 증명하듯 2015년도 빈곤율이 55.5%에 달했다. 심지어는 길거리에서 백인 노숙인들도 심심찮게 보이기도 한다. 상황이 이렇게 되자 증가하는 건 역시 범죄다. 2016년도 강도·상해 사건이 107,445건으로 매우 높다. 대게의 경우 생활형이지만, 심한 경우 생명을 해치거나 다치는 일도 있다.

그 결과 남아공엔 범죄 차단을 위한 경호산업이 크게 발달했다. 경비인력파견, CCTV 설치, 철제문 및 방범창 설치, 담장 위 전기 펜스 등이 그것이다. 백인 등 부유층의 담장은 지속적으로 높아지고 있고, 그들만의 타운을 형성해 흑인 등 저소득층과는 부대끼지 않는 생활권을 영위한다. 골프장을 중심으로 약 3천 세대가 입주해 있는 실버레이크타운이 대표적이다.

실버레이크타운은 말 그대로 은빛 호수마을이다. 넓은 호수를 중심으로 골프 홀이 설치되어 있고, 국제대회가 치러질만큼 잔디 관리 상태도 우수하다. 보통은 골프장과 중간중간 클럽하우스를 운영하지만, 이곳은 아예 타운으로 만들어 입주자를 받았다. 그래

백인 홈리스 맥도날드 사거리에서 동냥을 하고 있다. 남아공에서 최근 백인 빈민은 약 40만 명으로 예측되고, 흑인 빈민은 3,000만 명이 넘을 것으로 예측됨. 남아공 총인구 6,200만 명(2023)

서 3천 가구가 입주해 있다. 집들은 모두 다른 디자인으로 설계되어 있고 2층 주택과 주차장, 정원을 끼고 조성됐다. 커다란 순록들은 여유롭게 마을을 돌아다니며 인간과 공존하고 있고, 이곳의 주부들은 카트를 타고 다니며 와인을 마시기도 한다. 기업 회장, 정치인, 스포츠 스타와 연예인 등 상위 0.1%들이 살아가는 마을은 밖의 세상과는 이질적으로 느껴졌다.

다른 한편 흑인 빈민들을 중심으로 고작 몇 킬로 떨어지지 않은 곳엔 이렇다 할 소득 없이 하루를 견디는 마멜로디가 존재한다. 판자와 양철이 집의 외형과 지붕을 이루며, 상하수도조차 설비돼 있지 않아 구정물이 마을 길 중심부를 향해 흘러나온다. 악취와 쓰레기는 장식이다. 실버레이크의 아이들이 골프 카트를 끌며, 타운 안에 돌아다니는 동물을 여유롭게 바라보는 장면과 마멜로디의 아이들이 교육도 받지 못하고, 자신보다 더 어린 아기를 안고 키우는 장면은 남아공의 양극화를 극단적으로 보여주는 예다.

마멜로디를 가다

판자때기 위에 사람 얼굴이 그려진 다 부서져가는 건물이 내 시선을 잡았다. 가까이 가보니 헤어살롱. 모자를 늘여 얹은, 머리를 빡빡 깎은 엣지 있는 헤어디자이너와 만났다. 여기도 있을 건 다 있

마멜로디와 불과 3km 떨어진 곳에 SilverLaketown은 남아공 상위 0.1%의 기업가와 정치인 등 부자들이 살아가는 마을.

은빛 호수가 빛에 반짝이고 골프클럽과 고급레스토랑 등이 있다.

마멜로디 마을은 상하수도가 없다. 도시 외곽에 사실상 방치상태로 살아가고 있다.

었다. 달궈서 쓰는 원시 상태의 고대기도 있고, 낡긴 했지만 헤어드라이어기도 있고. 머리 손질에 드는 비용도 정가를 표시한 가격표를 한쪽 유리에 붙여두었다.

머리를 깎을 때가 되어, 가격을 묻고 자리에 앉았다. 이 나랏돈으로 20랜드, 우리 돈 1,800원 정도다. 근데, 문제는 이 디자이너가나와 같은 생머리를 손대본 적이 없다는 것. 남아공에 사는 흑인이건 백인이건 머리끝이 말려 올라가는 곱슬머리라 머리끝 처리가 크게 중요하지 않아 길이만 손보면 된다는데, 나와 같은 머리는 아예 손대기가 겁나는지 손사래를 친다.

아프리카의 여성들 역시 전반적으로 미용에 관심이 많고, 버는돈의 일정 부분을 머리 손질에 지출하거나 가발, 붙임머리 등에할애한다. 일주일에 한 번씩은 변화를 주거나, 적어도 한 달에 한번은 가발을 바꿔준다. 그래서 가발 또는 부분 붙임머리 등 헤어

마멜로디 마을의 아이들이 천막에서 노래 수업을 듣고 있다. 한국인 선교사가 사역하고 있다.

악세사리가 엄청난 소비재로 팔려나간다. 한 달에 버는 돈이 우리 돈 5만에서 많이 버는 이들은 100만 원도 벌지만, 못 벌어도 미용에는 지출한다고 한다.

남아공뿐 아니라 아프리카 곳곳의 나라에는 여전히 가발공장, 가발 판매점 등이 성행이고, 앞으로도 시장은 더 커질 것으로 예상한다. 아프리카가 전반적으로는 정치경제의 문제가 있지만, 꾸준한 성장률을 기록하고 있고, 이는 결국 소득이 늘어난다는 것을 의미하기 때문이다. 거기에 20세 이하의 젊은 인구가 40%에 달하는 등 소비자가 끊임없이 늘어나 성장잠재력도 매우 크다.

그래서 최근 몇 년 새엔 이런 유망산업에 중국 자본과 상인들

마멜로디에 있는 미용실.

이발사가 머리를 손질하고 있다.

가발공장 방문. 다양한 스타일의 가발이 만들어지고 있다.

이 밀어닥치기 시작했다. 저가 상품이 수입되어 오고, 비즈니스의 방식도 세금을 회피하기 위한 묘수를 동원해 비정상적인 기업 운영 행태를 보인다. 자연히 정상적인 기업 운영을 하는 이들에 피해가 된다. 하지만 부정부패와 중국 자본의 결합은 이 상황을 존속시킨다. 남아프리카공화국의 대학들에도 중국 유학생의 수가 늘어가고 있다. 대학가는 피시방이 생기고 유학생들은 공부보단 게임과 유흥을 더 즐기며 대학가 상권이 활황이다.

전 세계 곳곳에 중국이 자본을 밀어넣고 자국민들을 진출시키며, 국내 포화상태의 문제를 해결해보려는 중국 정부 차원의 전략은 아프리카의 많은 국가에서 일반적으로 일어나는 상황이다. 그만큼 아프리카 국가들엔 중국 돈이 매력적이기 때문이다.

그러나 마멜로디는 이러한 상황에서도 예외에 속한다.

아프리카 최고의 경제성장을 견인하고, 부유함의 상징으로 보였던 남아공은 대다수의 흑인 빈민과 이주 난민들을 사지로 몰아넣고, 범죄나 구걸이 아니면 살아가기 어려운 환경을 유지시키고 있다. 남아공의 위정자들과 부호들은 이들의 소득을 늘려주고, 교육 기회를 제공해 균등한 공동체의 삶을 지향하는 대신 스스로의 집 담장을 높게 쌓고, 이들과의 교류를 최대한 차단한 채 그들만의 세상을 구축하고 있다.

두려움에 떨며 담장을 높이는 게 나을까, 있는 것을 나누고 담장이 낮아도 두려움 없이 사는 것이 나을까. 남아공을 보며 씁쓸한 고뇌에 빠져든다. 남아공과 같은 사회는 어디로 달려가려는가. 우리의 미래는 다를 수 있을까. 내 안에 담장은 없는지 다시 한번 확인해본다.

만델라가 다시 돌아온다면 뭐라 말할까.

탱고의 도시가 달러에 빠진 이유

자국 화폐를 믿지 않는 도시

"이 나라는 달러에 미친 나라예요."

아르헨티나 부에노스아이레스의 한 카페에서 파트타임으로 일하는 20대 카밀라Camilla는 2016년 베네수엘라를 떠나 콜롬비아와 에콰도르, 페루, 칠레를 거쳐 아르헨티나에 왔다. 카밀라가 거쳐온 경로는 베네수엘라 이주민들이 가장 많이 찾는 루트인데, 그 이용 인원이 2015년 8만9,000명에서 2017년 88만 명으로 10배나 증가했을 정도다.

상황이 이렇다 보니 2018년 8월 인근 국가인 에콰도르와 페루가 국경을 닫았다. 남미국가 사람들끼리는 신분증만 있으면 자유

아르헨티나의 지폐들. 아르헨티나 사람들은 자신들의 화폐인 페소를 믿지 않는다. 대신 오직 달러를 선호한다.

우루과이의 몬테비데오에서 배를 타고 아르헨티나 부에노스아이레스에 도착해 입국 수속을 마친 뒤 도심으로 향하는 도중에 무지개를 만났다.

로운 왕래가 가능했는데, 여권을 보여줘야 지나갈 수 있는 길로
바뀌었다. 이는 베네수엘라에서 여권 만들기가 쉽지 않은 상황을
이용해 이웃 나라들이 사실상 베네수엘라 국민들을 받지 않겠다
는 뜻을 내비친 것이다. 여권 발급에 수백 달러를 뒷돈으로 주고
도 1년 이상 기다려야 한다고 하니, 사실상 여권 갖는 게 하늘에
서 별 따기만큼 어렵다.

　나는 칠레 산티아고에서 더 황당한 이야길 듣기도 했다. 국경이
막히니 국경 수비대의 눈을 피해 불법으로 국경을 넘고, 그러다

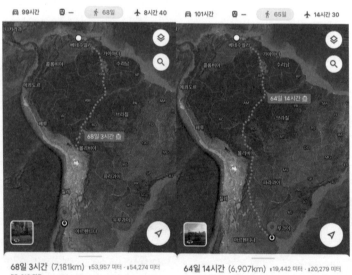

베네수엘라 사람들은 이웃 나라의 국경 수비대를 피해 7,000㎞를 걸어서 칠레와 아르헨티나로
향한다.

보니 대중교통 이용이 어려워져 두 발로 걸어서 산티아고까지 온다는 것이다. 무려 7,300km에 이르는 엄청난 거리다.

어려움을 겨우 이겨내고 국경을 넘어 아르헨티나까지 와도 굴곡은 이어진다. 카밀라는 전전긍긍하다 겨우 카페에 일자리를 얻었지만, 공식 이민 서류를 갖고 있지 않은 다른 친구는 합법적으로 취직을 못 했고, 최악의 경우 성매매로 생계를 꾸린다며 안타까워했다.

아르헨티나는 브라질과 함께 남미 경제를 이끄는 양대 산맥이다. 여기에 작지만 강한 국가로 우루과이와 칠레가 꼽힌다. 하지만 양국은 자원의 저주라 불릴 만큼 풍족한 자원에도 경제는 내리

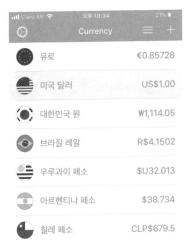

2018년 9월 1일 당시 휴대폰에 저장했던 환율.

막을 벗어나지 못하고 있다.

2018년 아르헨티나는 27년 만에 최고 인플레이션을 기록했는데 무려 47.6%였다. 자국 화폐인 페소 가치도 달러 기준으로 급락했는데, 내가 아르헨티나에 머물던 2018년 8월과 9월 페소 가치는 하락 또 하락. 8월 1일에는 1달러 대비 27.52페소였던 가치가 같은 달 28일엔 31.34페소를 기록하며, 약 13% 떨어졌다.

당시 페소 환율은 8월 29일 33.99페소 → 8월 30일 37.59페소 → 8월 31일 36.85페소 → 9월 3일 37.39페소 → 9월 4일 38.88페소를 기록했다. 때마침 같은 시기에 아르헨티나를 여행하던 나는 여행객 입장에서 페소 가치가 하락한 덕을 크게 봤다. 숙소 비용과 식비, 교통비 등 8월 이전에 갔더라면 써야만 했던 돈을 3분의 1 이상 아낀 것이다.

정부의 극약 처방에도 경제 회복은 저 멀리

더 운이 좋았던 건 9월 4일 대국민 담화를 자청한 마우리시오 마크리Macri 대통령의 회견을 대통령궁 앞에서 아르헨티나 언론인들과 지켜볼 수 있었다. 이날 대통령은 끝없이 추락하는 국가 경제를 되살려 보겠다며 극약 처방을 내놓았다. 대통령은 정부 부처 10여 개를 통폐합해 절반으로 줄이고, 방만한 재정 지출을 27%

아르헨티나 수도 부에노스아이레스에서 열린 대통령 기자 회견을 찍기 위해 방송사의 취재 경쟁이 뜨겁다.

줄이겠다는 대책을 내놓았다.

여기에 대통령의 입으로 '나쁜 세금'이라고 말하면서도, 위기이기 때문에 어쩔 수 없다며, 곡물을 수출하는 기업에 1달러당 4페소를 수출세로 부과한다고 했다. 페소 가치 하락으로 이익을 얻은

혼돈의 부에노스아이레스 밤 9시경 시내를 가로질러 행진하는 시위대.

수출업자들에게 고통 분담을 호소하며 협조를 구한 것이다.

정작 내가 놀란 것은 무거운 내용의 대통령 담화를 현장에서 함께 지켜본 이들이 크게 개의치 않아했던 모습이다. 이들은 애초에 마크리가 친기업과 친시장 기치를 내걸고 당선된 대통령이었고, 개혁 방안의 실현도 과거의 전례들과 같이 순탄치 않을 것이라는 비관이 뿌리 깊었기 때문이다.

아르헨티나 수도 부에노스아이레스의 한 식당 앞에 세워진 차량의 유리가 깨진 모습.
밥을 먹으러 들어갈 땐 멀쩡했는데, 먹고 나오니 깨져 있었다.

아르헨티나 부에노스아이레스의 지하철에서 승객들을 상대로 돈을 모금하는 어린이.

2018년 7월 1일부터 효율성을 추구한다는 목적으로 경찰서 재편도 이루어졌다. 기존의 경찰서를 54개에서 43개로 줄인 것이다. 정세가 안 좋아져 경찰서가 민간으로부터 총기 난사를 당하는 등 치안 공백의 우려에도 재정 지출을 줄이기 위한 조치가 불가피했던 것이다.

실례로 구조조정 전인 2018년 4월 부에노스아이레스주의 라마탄자LaMatanza 경찰서에서는 마약 거래와 살인 혐의로 수감 중인 애인을 탈옥시키기 위해 19세 여성이 다른 공범과 함께 총기를 난사하며 습격한 사건이 있었다. 이 사건으로 경찰관이 중태에 빠져 시민 불안이 커졌고, 비슷한 시기에 경찰이 공격당한 총기 사건은 몇 건 더 있었다고 한다. 재정의 지속가능성이 저해되자 시민들의 치안은 더 깊은 수렁으로 빠져 악순환의 연속이 돼버렸다.

그렇지 않아도 좋지 않은 치안 상태는 더 나빠졌다. 부에노스아이레스에서도 위험하다고 알려진 거리의 상점들은 출입문에 자물쇠를 채워두고 장사를 하는 모습도 심심치 않게 볼 수 있었다. 간판도 없다. 불법 영업을 하는 곳은 아니지만, 아는 사람들만 문 앞에 가서 인기척을 하거나 인터폰을 들어 손님이라는 것을 밝히면 조용히 열어주는 식으로 영업을 한다. 오토바이 절도는 흔한 일이며, 길가에 세워둔 차량의 유리창이 깨지는 것도 눈 깜짝할 사이였다.

마크리 정부는 이미 2018년 5월에 국제통화기금IMF에 구제금융을 신청했다. 나는 아르헨티나가 IMF에 도와달라고 구조 신호를 보내는 단골손님이라는 것도 알게 됐다. 1956년 국가파산(디폴트: 채무불이행)을 선언하며 IMF로부터 구제금융을 받았다. 그리고 이후로 20여 차례나 IMF에 구제금융을 신청해왔다.

객관적으로 나라의 신용과 체력이 허약해져 가는데, 어째서인지 아르헨티나 사람들은 대수롭지 않게 생각하는 기류가 강하다는 느낌을 받았다. 만성적 위기는 일상이 되어버린 것일까.

나는 스위스에서 만났던 아르헨티나 출신 소피아를 다시 만났다. 소피아는 대학을 졸업한 뒤 한 달 동안의 유럽 여행을 마쳤다. 이후 구직활동 중이었는데, 쉽지 않다고 했다. 그의 친구들은 일자리를 구하기 위해 안간힘을 쓰고 있는데, 5명은 멕시코로, 스페인과 미국으로 각각 10여 명이 향했다고 한다.

아르헨티나 부에노스아이레스 한 식당의 음식 가격표.

그러나 대개는 1년을 버티지 못하고 돌아온다고 한다. 그곳 역시 일자리 사정이 여의치 않기 때문이다. 아르헨티나의 월마트는 문을 닫았고, 실업률은 35%에 이를 만큼 심각했다.

부에노스아이레스 시내를 걷다 보면 '돌러 돌러(달러)!! 깜비오!!' 라는 소리를 수도 없이 듣는다. 이른바 거리 환전상들이다. 1달러에 얼마냐고 묻자 계산기를 두드려보더니 37페소로 바꿔준다고 했다. 세계 여행을 하다 보면 환전상들은 보통 국경 지역에 있고, 시내에는 환전소만 있다. 국경이 아닌 도심 길거리마다 넘치는 환전상들을 볼 수 있는 나라는 아르헨티나가 유일했다.

그 배경에는 아르헨티나 사람들이 자국의 화폐 페소를 믿지 않는다는 데 있다. 자국의 화폐를 믿지 않는다는 것은 결국 정부에 대한 신뢰가 떨어졌다는 것. 숙소에서 결제할 때도 페소는 거부당하고 달러만 받는다고 했다. 이용료를 깎아주더라도 가격 하락 위험이 덜한 달러로 받아두는 것이 이득이었기 때문이다. 집주인은 달러를 주는 내 손길을 반기며 정권이 다시 바뀌었으면 좋겠다고 말했다. 경제를 살리겠다고 집권한 정부가 성과를 내기는커녕 안 좋은 방향으로 달려가고 있다는 것이다.

도심 속 전시회장 같은 묘지의 정체는

죽어서도 살 수 있을까. 나는 언젠가부터 사람은 세 번 죽는다고 정의했다. 꿈을 잃는 것이 첫 번째 죽음이요, 내 목숨이 끊어지는 것이 두 번째 죽음이요, 나를 기억하는 사람이 모두 죽었을 때 비로소 세 번째 죽음이 완결된다는 생각이었다.

그러나 오늘날 위인이든 극악무도한 인물이든 역사 속에서 늘 기억되는 사람들이 있다. 죽어도 산 사람들이 아닐까. 아르헨티나의 수도 부에노스아이레스 북동부의 부유한 지역인 레콜레타 Recoleta엔 죽어서도 산 사람들의 묘지가 있다. 아르헨티나 사람들뿐 아니라 전 세계의 관광객들이 이 묘지로 몰려든다. 이유가 무엇일까.

언뜻 봐도 이렇게 비싼 땅에 묘지가 있다는 것이 이방인의 시선으로는 이해하기 어려웠다. 묘지 이전과 도시 개발이라는 유혹이 밀어닥쳤을 텐데 그런 움직임은 없고, 앞으로도 없을 것이라는 생각을 묘지를 다 둘러보고 나서야 하게 됐다.

레콜레타 공동묘지 부지를 묘지로 결정한 것은 1822년으로 거슬러 올라간다. 베르나르디노 리바다비아Bemardino Rivadavia 아르헨티나 초대 대통령이 주도하고, 프로스페르가켈런이라는 프랑스인이 설계해서 만들어진 이 묘지는 그 이전까지 수도승들의 텃밭으로 사용되던 일종의 정원이었다고 한다.

아르헨티나 부에노스아이레스의 북동부의 레콜레타에 있는 죽어서도
기억되는 사람들의 묘지에는 다양한 조각 작품을 볼 수 있다

묘지는 비석이 아닌 수많은 조각과 전통 양식의 소형 건축물 등이 주를 이루고 있어 박물관을 연상케 한다. 수많은 묘지 중 70여 개의 묘는 예술적 우수성을 인정받아 문화재로도 지정되었다고 한다.

이곳에 잠들어 있는 사람들은 누구일까. 대부분이 가족묘 형식인 이곳은 아르헨티나의 역대 대통령과 가족, 명문가의 인사들이 누워 있다. 특히 아르헨티나 사람들에게 큰 존경을 받는 국모로 기억되는 전 영부인 에바 페론도 잠들어 있다. 에바 페론의 드라마 같은 역정과 삶의 궤적은 1997년 영화 〈에비타 Evita〉가 미국에서 개봉될 정도로 아르헨티나의 근현대사에 큰 영향을 줬다.

에바 페론은 가난한 시골 농부의 사생아라는 점 때문에 사람들의 멸시 속에서 성장했다. 나이트클럽의 댄서를 시작으로 출세를 향한 야망을 키워나가던 에바 페론은 성우를 거쳐 영화배우로까지 활동 반경을 넓혀 나갔다.

1940년대에 이르러서는 어느 정도 유명세를 떨친 연예인의 반열에 오르기도 한다. 1944년 아르헨티나의 지진으로 인해 난민구제모금 기관에서 주최한 모임에 나갔다가 당시의 노동부 장관인 후안 페론을 운명적으로 만나게 된다.

이후 에바 페론의 삶은 완전히 뒤바뀐다. 우여곡절 끝에 1945년 민중 혁명 후 남편이었던 후안 페론이 대통령의 자리에 올랐고,

연기자 출신이었던 에바 페론은 대중 연설에도 능했던 것으로 보인다.

남편이자 노동부 장관이었던 후안 페론이 대통령에 오르자 영부인으로서 함께 대중 퍼레이드에 나서는 에바 페론.

에바 페론은 아르헨티나의 퍼스트레이디가 된다. 노동자와 서민의 편에서 복지정책을 확대하는 데 큰 영향을 끼쳤던 영부인 에바 페론은 당시 대중의 열렬한 사랑을 받았다고 한다.

자신의 존재를 인정하지 않았던 아버지에 대한 분노와 소외감, 멸시받았던 기억을 더듬으며 에바는 자신과 비슷한 처지의 가난한 자들과 노동자들을 차별하는 현실에 맞서며 해결에 노력을 다한다. 9년 동안 이어진 헌신의 노력을 지켜본 국민들은 에바 페론을 부통령 후보로 추대했지만, 그는 암 말기 선고를 받고 1952년 34세의 젊은 나이로 돌연 세상을 떠난다.

이후 아르헨티나 경제의 어려움으로 인플레이션, 실업률 상승 등을 막지 못한 남편 후안 페론은 쿠데타로 쫓겨나 해외로 망명하게 된다. 에바 페론의 시신 역시 도난당해 해외를 떠돌다가 현재의 레콜레타 묘지에 자리를 잡은 것은 1970년대 중반에 이르러서였다.

만화 속 부자나라 아르헨티나의 앞날은

에바 페론에 대한 평가는 내가 만난 사람들 사이에서도 엇갈리는 편이었지만, 직접 묘지를 찾은 당일에만도 많은 이들이 그의 묘지를 찾고 있었다. 이렇게 매일 추모를 받기에 그의 묘지 앞은 늘 새

다른 묘지들과는 달리 에바 페론의 묘지 앞엔 많은 꽃다발이 놓여 있다.

2023년 11월 26일 환율. 355페소까지 급락한 현실.

로운 꽃다발이 놓인다.

한때 선진국 가도를 달리며, 많은 이들이 이민의 목표로 삼았던 국가 아르헨티나. 시간이 흘러 위기 상황을 위기로 인식하지 않는 이들의 낙천성이, 흘러들어오는 베네수엘라 사람들과도 잘 공존할 수 있을까.

수출세를 부과하는 등 긴축 재정에 나섰던 마크리 정부는 경제난에 지친 국민들로부터 실각당하고 2019년 알베르토 페르난데스 대통령이 새로 취임했다. 그럼에도 경제난을 피하지 못해 2020년 5월 역사상 9번째 디폴트를 선언하고야 말았다. 이듬해 채무를 재조정하며 채권단과의 협상을 통해 타결하였지만 2021년 물가상승률은 50.9%를, 2022년엔 100%를 기록했고, 아르헨티나 통계청이 2023년 9월 발표한 자료에 따르면 최근 12개월의 물가상승률이 124.4%를 기록했다고 밝혔다.

2019년 8월 기준 페소는 1달러에 43.20으로 더 떨어졌다. 그리고 2021년 4월의 공식 환율은 91.63을 기록했다. 같은 기간 암시장의 달러는 140페소. 2023년 10월엔 무려 350페소로 급락했다.

대체 이들은 앞으로 어떻게 될까. 문득 어린 시절 즐겨 보던 만화영화 〈엄마 찾아 삼만리〉가 떠올랐다.

이탈리아의 어린이가 돈을 벌러 해외로 떠난 엄마를 찾는다는 내용이 줄거리였다. 이때 돈을 벌기 위해 엄마가 간 곳이 아르헨티나였다. 1900년대 초반 세계 5대 경제 부국에 꼽힐 정도로 부유

아르헨티나는 리오넬 메시 등 수많은 세계적 축구선수들을 배출했다.

영광의 아르헨티나는 다시 돌아올 수 있을까. 부에노스아이레스.

한 국가였다. 따라서 유럽에서 대거 이민을 가기도 했다. 수도 부에노스아이레스는 부루마불이라는 게임에도 등장하는 부유한 도시다.

그러나 농업 대국으로 부유함을 유지했던 아르헨티나는 1960년대 이후 불어닥친 산업화에 민첩하게 대응하지 못했고, 정치적 혼란과 부패가 뒤섞이며 중진국으로 전락했다. 직접 찾아간 그곳은 치안 문제, 실업문제, 복지 문제, 교육 문제가 심화되었고, 선거 때마다 대통령을 바꿔보지만 어디로 가도 쉽진 않아 보였다.

최근 치러진 아르헨티나 대선에서는 좌파정권에 실망한 젊은층의 지지에 힘입어 자유 전진 당의 하비에르 밀레이가 대통령으로 당선됐다. '아르헨티나의 트럼프'라는 별명이 생길 정도로 극우적인 모습을 보이는 데다 전기톱을 들고 나와 퍼포먼스를 벌이기도 했다. 중앙은행을 없애고 달러를 공식통화로 삼겠다는 공약이나 정부지출을 줄이고 각종 보조금도 삭감하겠다는 공약을 내걸고, 심지어 마약과 장기매매, 총기 소유도 허용하겠다는 내용도 있다. 2024년 1월 21일 1달러 공식환율은 818페소를 기록하며 급락이라는 표현도 부족할 정도로 처참하다.

새롭고도 안정적인 미래는 아르헨티나에 허락될 것인가.

다음 대한민국은 어떤 나라인가

:

축소되는 도시

지역의 산부인과가 사라졌다. 어린이집도 사라졌다. 학교도 사라지는 중이다. 문방구가 폐업하고 동네슈퍼도 문을 닫았다. 하나둘 사라지는 상점들. 빈터에 시끌벅적 움직였던 작은 공장들도 멈췄다. 인기척을 느끼기 어렵고 나무와 풀만 무성해진다. 그리고 그 끝엔 마을이 통째로 사라지고 만다. 더 정확히는 빈집만 남는다. 빈집을 채우는 건 길고양이나 곤충들이다. 지금, 이 순간 대한민국에서 일어나고 있는 일들이다.

젊은이들이 남아 있을 매력이 없으니 축소의 속도는 가팔라지고 있다. 아래로부터 무너지는 시골 경제는 이제 몇 년쯤 남았을까. 이를 채우기 위한 시도로 외국인 노동력을 적극적으로 끌어들여 생존을 도모하는 지방도시들이 늘고 있다. 인구 10만을 지키기위해, 5만을 지키기 위해, 3만을 지키기 위해. 그렇지만 여지없이무너지고 있다. 한국인이 살던 시골 풍경은 점차 이국땅에서 온이들로 채워지고 있다. 농촌도 어촌도 시나브로 바뀌고 있다. 현재 5%쯤 되는 외국인 비율은 머지않아 10%를 넘게 될 것이다.

이러한 상황은 누군가 촉진시키거나 반대로 막을 수도 없는 문제들이다. 우리는 1953년 전쟁을 겪은 이후 산업화, 글로벌 통상경제를 추구하며 성장을 향해 달려왔다. 그 과정에서 도시화가 촉진되었고, 교육과 일자리, 더 나은 삶을 위해 끝없이 수도권으로몰려들었다. 그 결과 인구의 절반 이상이 수도권에 살게 되었고,지방은 축소, 수도권은 팽창이라는 두 갈래의 경향을 보이는 상황이다. 앞으로 우리가 대처할 방안들은 무엇이 있을까.

내가 여행했던 주요 관점도 도시의 흥망성쇠와 인간의 생로병사인데, 큰 두 가지 흐름 속에서 우리가 맞게 될 미래가 어렴풋이보인다. 예측되는 미래에 우리가 대처할 방안은 무엇이고, 어떻게해야 시민 개개인의 갈등과 고통을 최소화하고 공존과 행복이라는 방향의 해결책을 찾아갈 수 있을 것인가. 대한민국으로서는 변화의 속도도 빠른 만큼 대응의 속도도 빨라야만 한다. 급변하는상황 자체가 꽤 폭력적으로 발현되고 있기 때문이다.

특히 전 세계 유례가 없을 정도로 한국사회에서 극적으로 진행되고 있는 것은 초저출산이다. 물론 중국도, 태국도 0.9명으로 머지않아 하락할 것으로 보이고, 복지가 좋은 북유럽 국가들도 같은 경로를 보이는 등 다른 나라들 역시 그 방향으로 가고 있다. 그럼에도 속도와 규모 면에서 비교도 할 수 없을 정도로 나타나는 우리나라의 급격한 변화는 대체 원인이 무엇인지 주목하고 대처해야 한다. 물론 여기에서 말하는 대처는 다출산으로 경로를 바꾸는 시도를 의미하는 것은 아니다. 낙폭을 조금이라도 줄이는 것을 의미한다.

저출산의 경로를 다출산으로 바꾸긴 어렵다. 바람직하지도 않아 보인다. 복지재정을 투입한다고 해서 늘어난다는 기대는 이미 다른 나라들의 사례를 통해 그렇지 못할 가능성을 보여주었다. 오히려 지금의 경로를 빠르게 받아들이고 인정한 상태에서의 정책을 수립하는 것이 훨씬 현실적이다. 왜냐면 삶의 환경이 과거와 달라졌고 그로 인해 젊은 세대의 인식 역시 달라졌기 때문이다. 앞으로 우리 사회가 다루어야 할 몇 가지 정책과제들을 정리해본다.

감소되는 인구

한국에서의 결혼은 왠지 신랑·신부 당사자들 간의 행사라기보단 부모님들이 그간 뿌린 축의금을 거둬들이는 날로 인식되기도 한다. 둘의 행사에서 가족의 행사로 커지니 결혼식만으로도 부담은 꽤 커지는 편이다. 따지고 보면 하객들 앞에서 내 생의 첫 패션쇼를 보여주고 잘 살겠다고 약속하는 개념이지만 실제로 들어가면 결혼식에만 수천만 원이 소요된다. 작은 결혼식도 선택권 중 하나라고 하지만 비교하는 문화, 뒤처지면 안 된다는 체면 문화로 인해 부모님 입장을 봐서 결국 남들이 하는 방식을 선택하는 경우가 많다.

프랑스에서 시행되고 있는 시민연대협약은 누구나 시청에서의 등록서류 한 장이면 부부로 인정하고 정책과 세제 혜택 등 동등한 자격을 부여받는다. 결혼의 무게감이 줄어든 만큼 대칭적으로 이혼의 무게감도 줄어든다. 서구사회는 인간이 태어나 한 사람만을 평생 사랑하도록 세팅되지 않은 것을 받아들이고, 헤어진 이후에도 자녀에 대한 의무를 다하며 쿨한 관계를 이어가는 모습도 쉽게 볼 수 있다. 덴마크 초등학교의 한 교실엔 24명의 아이가 있었는데, 선생님의 마지막 일과는 아이들이 하교할 때 엄마 집으로 가는지, 아빠 집으로 가는지를 확인하는 거였다. 무려 19명이 이혼가정이다. 다수가 그러니 문제 삼을 이유도 없고 그냥 받아들이는 것이다. 우리 역시 만나고 헤어지는 데에 사회와 법 제도가 너무 많은 참견을 하는 것은 아닌지 돌아볼 필요가 있고, 협약 도입을 서둘러야 한다고 생각한다.

동시에 싱글 아빠나 엄마의 삶을 옥죄는 현실에 대한 육아, 교육 등 양육 관련 지원을 강화할 필요가 있다. 우리는 그간 아이를 중심으로 사고하는 체계가 아니라 아빠를 중심으로 돌아가는 사회체계로 발전시켜 왔다. 그러다 보니 엄마도, 아이도 아빠를 상수로 둔 종속적 변수에 해당한다. 그러나 호주 같은 나라들은 일가정 양립이 아닌 가정 중심의 사회를 원칙으로 두고, 가정이 편해야 직장에서의 능률도 오른다고 믿는다. 그래서 아빠가 아닌 아이를 중심으로 사고하는 체계를 갖고 있고, 아이가 아픈데도 회사에서 일하고 있으면 학대 행위로 신고될 수도 있다. 아빠의 출퇴근에 아이가 파김치가 되어 어딘가에 맡겨지는 것이 아니라 아이가 끝날 시간에 맞춰 아빠나 엄마가 움직이도록 설계된 사회다.

육아의 경우 출산과 더불어 오로지 엄마에게 주어지는 몫이다 보니 엄마들의 진로와 경력에 차질이 생길 수밖에 없고 그동안 이를 개인이 감당해왔다. 회사에서는 출산 전의 여성 고용을 꺼리거나 어린아이를 둔 엄마들이 회사를 중심으로 삶을 설계할 수 없다는 현실을 크게 반영해 더 많은 기회를 부여하는 것을 기피하는 현실이다. 북유럽 국가들을 중심으로 널리 사용되고 있는 육아휴직 의무제는 엄마뿐 아니라 아빠에게도 적용하여 회사에서는 여성만 무릅써야 하는 해고에 대한 걱정을 분산시켜 육아의 책임을 여성 일방에게만 지우지 않기 위해 노력한다. 법적 의무이다 보니 한국처럼 아빠들이 회사의 눈치를 볼 일도 없다.

위처럼 우리가 아직은 써볼 수 있는 수단이 더러 있다는 것은 다행이다. 그러나 이 같은 정책 수단들을 최대치로 가동한다 해도 저출산의 경로를 다출산으로 바꿀 수 없을 것이다. 다만 낙폭을 다소 줄일 수 있고, 여성에게 전가된 출산과 육아의 무게를 조금씩 사회가 나눠지는 방식으로 여성 인권의 향상을 도모해 볼 수 있다. 그리고 젊은이들의 생각은 물론 기성세대의 생각 또한 결혼은 필수가 아닌 선택이라는 생각도 퍼지고 있다. 평생을 참으며 살아온 부모 세대의 이혼율이 증가하고 늦었더라도 자기 삶을 선택하는 사례도 늘고 있다. 이러한 기성세대 인식의 변화는 젊은 세대와도 상호 간 영향을 미치고 있다.

본문에서 살펴본 대로 세계적 흐름은 출산을 기피하는 여성, 결혼을 꺼리는 남성들의 세태가 날로 확산하는 모양새다. 반면 출산과 육아 등을 통해 보람을 느끼려 하는 이들 역시 상당수다. 당연히 존중받아야만 한다. 그러나 결혼이나 출산이 개인적 일로 치부되면서 불임과 난임에 처한 부부들의 고통이 큰 것이 사실이다. 병원 진료를 받는 과정에서 회사의 눈치를 보거나 높은 진료비용을 고스란히 부담해야만 하는 상황은 남모를 고충이었을 것이다. 다행히 최근 이들 부부에 대한 지원이 과거에 비해 넓어지고 있다는 것은 희망적이다. 낳고 싶지 않은 이들에 대해 비난하는 것도 온당하지 않지만 낳고 싶은데 낳지 못하는 이들을 방치하는 것 또한 온당하지 않다. 서서히 늘려가면 시도할 시기를 놓치는 사각지대가 발생하므로 이러한 지원책은 한방에 과감히 확대할 필요가 있다.

이 책 이후 두 번째 책에서 다룰 내용이지만 결혼하고 싶지 않은데 결혼을 강요하는 것도 문제, 누군가를 만나고 싶은데 만나지 못하는 경우도 문제다. 실제로 그런 사람들도 상당수다. 일본은 공공 미팅 프로그램을 구청 단위에서 주도하여 진행하고 미혼남녀의 만남을 지원한다. 시골 도시를 떠나 도시에 사는 이들이 고향에 한 번씩 와볼 기회도 꾸준히 만든다. 동창회 모임을 지원한다든지, 농촌체험 프로그램을 만들어 젊은 남녀를 초대한다든지 등의 방식을 통해서다. 우리의 경우 몇 차례 공공 미팅을 추진하려다 언론이 보도하고 안 좋은 댓글이 여론화되어 추진을 접은 사례들도 있었지만, 나는 이 프로그램은 추진할 필요가 있다고 생각한다. 생각 외로 만남을 원하지만, 계기를 못 찾는 이들이 많기 때문이다.

정리하자면 지구 전체의 흐름과 우리나라의 흐름은 이제 다출산 사회로 되돌아가는 것은 불가능에 가깝다. 현재 19세에서 34세 사이의 청년 인구는 1천만 명이 조금 넘는다. 20년 전에 1,300만 명이 넘었던 것을 감안하면 빠르게 청년이 줄어드는 것이다. 유소년 인구도 마찬가지다. 현재 초중고교에 다니는 학생들의 숫자는 530여만 명이다. 이 수치는 2040년 268만여 명으로 줄어든다. 20여 년 만에 절반으로 줄어드는 것이다. 그나마도 출산율 0.7명이 유지될 때를 가정한 경우다. 현실적으로 0.7명이 유지된다는 가정에 동의하는 사람이 얼마나 될지 모르겠다. 이 수치는 시간이 지날수록 더 떨어질 가능성이 크다.

농경시대는 자녀의 수가 경쟁력이었다. 어린 시절을 이겨내지 못하는 영아 사망률도 높았기에 더 낳았던 것도 있었지만 노동력에 보탬이 되거나 노후를 보장해 줄 든든한 복지 수단이기도 했다. 그러나 도시화가 진전되고 고도화된 지금의 사회에서 복지는 국가 공동체의 책임으로 넘어갔고, 자녀는 오히려 나의 노후 자금을 빼앗기는 기제로 작동한다는 생각도 존재한다. 노후는 국가의 책임이나 자녀의 역할도 크게 존재하지 않으니 과거에 비해 필요성이 반감된 것이다. 그러나 나는 일종의 가설을 세우고는 있는데, 지금의 국가 책임의 복지체계가 인구구조의 위기로 인해 언젠가 지속가능성의 파국을 맞게 될 때가 오게 될 것이다. 그때쯤이 되면 그 시점을 살아갈 젊은이들의 생각은 국가를 믿기보다는 자기 자녀를 만들고 의존해야겠다고 생각하지 않을까.

복지재정을 늘려 지원할 때 출산율이 늘어난 사례들이 있지만 최고의 복지를 하는 북유럽 국가들이 저출산 흐름을 강하게 보이는 것은 아이러니하다. 북유럽에 비해 더 강력한 요람에서 무덤까지의 복지를 운영하는, 어쩌면 과잉되게 운영하는 중동 국가들 역시 저출산의 파고를 막지 못하고 있다. 종합적으로 보건대 우리는 그간 확대, 증가, 팽창, 성장의 시대를 지나왔지만 이제 그 흐름은 축소, 감소, 수축, 저성장이라는 흐름으로 전환되었다는 현실을 받아들여야 한다고 생각한다. 이것을 받아들이는 것과 그렇지 않은 것은 정책을 설계하는 데 아주 많은 차이를 갖기 때문이다.

정책의 목표에 따라 그 시기에 투여되는 예산의 성격이 낭비로 귀결되느냐 적재적소 투입으로 귀결되느냐가 결정된다. 지금 이 땅에 태어나 삶을 누리는 대한민국 사람들이 더 나은 삶의 질을 갖고, 더 나은 도시의 활력을 만들기 위해 도전할 환경을 갖추기 위해 노력하자. 그 결과로 출산율이 오르고 위험이 더 분산될 수 있다면 다행이지만 그런 결과가 나오지 않는다고 하더라도 묵묵히 현존하는 이들의 삶을 개선하기 위해 노력하자. 그래야 세계의 다른 도시들이 한국을 더 주목할 것이고, 지금의 한류를 매력적으로 이어나갈 동력이 될 것이다.

좋은 죽음은 가능한가

65세 이상 인구를 기준으로 인구의 20%를 넘어선 나라는 세계적으로 10여 개 국가 정도다. 우리나라는 2024년 노인 인구 1천만 명을 넘어서고 전체 인구 대비 수치상으로는 2025년 20%를 넘어선다. 사실 이러한 초고령화는 인류가 피할 수 없는 과정이다. 태어났으니 늙는 것이고, 살았으니 죽는 것이다. 100년 전 인류는 20억 명가량이었으나 지금은 4배가 늘어 80억 명을 넘어섰다. 과거에 비해 출산율이 감소하고 있지만 더 오래 살게 되면서 세계 인구가 증가추세를 갖게 된 것이다. 한반도 역시 일제 강점기 때인 100년 전 약 2천만 명이었으나 8천만 명에 달하는 인구가 살고 있다.

처음 세계 여행을 하며 다른 나라들을 탐구해야겠다고 결심한 것도 대한민국이 맞게 될 2025년으로 상정되는 초고령 국가는 무엇을 준비해야 하는가에 대한 고민 때문이었다. 한해 70만 명 가까운 베이비붐 세대가 65세가 되고 복지의 대상자로 편입이 되면 이를 지속가능하게 떠받칠 수 있을까 하는 질문이 우리를 짓누를 것만 같았다. 아니나 다를까 세계 최고의 속도로 질주하는 한국의 초고령화는 노인자살률과 노인빈곤율 1위를 놓치지 않으며 노인들의 삶을 제대로 준비하지 못하고 있고, 돌봄의 공백은 아이들뿐 아니라 어르신들과 그 가족들에게 광범위한 문제로 떠오르고 있다.

젊은 시절 모기지를 통해 내 집 마련의 기회를 가진 서구사회의 노인들은 노후에 국가가 주는 연금을 통해 생계를 해결해나가고 국가 또는 도시의 노후보장 프로그램을 통해 여가, 배움, 의료, 식사 등 삶의 중요한 부분이 채워지고 있었다. 독일에서는 세대 간 공존프로젝트라는 이름으로 마을의 의사결정 체계를 아이들부터 어르신까지 1인1표제를 통한 의사결정을 하고 서로의 역할을 분담해 경험을 축적하게 하는 커뮤니티 마을도 상당하다. 반면 일본에서는 30%에 달하는 노인 인구를 반영하듯 아이들 놀이터가 사라지고 어르신 운동 공간으로 변하는 사례가 자주 등장한다. 골목 놀이조차 소음으로 인식해 아이들을 나무라는 사례도 늘고 있다. 노인 중심의 사회가 되는 것이다.

초고령화로 인한 문제는 그 어떤 나라도 피하기 어렵지만, 그 대비는 얼마든지 할 수가 있다. 속도가 빠른 만큼 그 대응의 속도 역시 빨라야 하는 과제가 주어져 있지만 광범위하고 첨예한 이해관계들이 작동한다는 속성상 빨리빨리라는 특유의 의식이 있는 대한민국도 대응과 적응이 쉽지는 않을 것이다. 초고령화에 닥칠 문제는 너무나 많아서 목록화하기도 힘에 부친다. 우선 대부분의 것들은 재정의 지속가능성 문제로 수렴될 것이다. 모셔야 할 분들은 늘고, 돈을 내는 젊은이들은 줄기 때문에 단순한 산수 문제와도 같다. 연금, 복지체계의 균열이 일어날 것이고, 최근 프랑스에서 반발을 무릅쓰고 연금개혁에 나섰던 것처럼 재정의 지속가능성을 확보하는 것은 최우선 사회적 과제가 될 것이다.

재정을 확보하는 방안은 여러 가지가 있을 수 있다. 크게는 두 가지다. 지출을 줄이는 것. 그리고 수입을 늘리는 것. 먼저 논의해볼 수 있는 것들은 60세 은퇴라고 하는 정년의 기준을 어떻게 할 것인가라는 주제다. 이는 다시 말하면 65세를 노인으로 구분하는 기준에도 의문을 제기할 수 있다. 65세라는 기준은 과학적 기준도 아닐뿐더러 이 연령이 정해질 1950년대 당시의 시대적 상황도 60대 이전에 많은 인구가 사망하는 세태를 반영한 것이었다. 노인은 그 사회에서 매우 소수에 불과했다. 시간이 지나면서 65세 당사자도 노인이라고 인식하는 사람은 거의 없고, 73세쯤 되어야 노인이라고 인식하는 사람이 늘어났다. 노동 역시 60세 은퇴가 아니라 73세까지 일할 수 있고, 일해야 한다고 생각하는 노인 당사자들도 다수가 됐다.

그래서 노인의 연령을 우리가 다시 정할 합리적 유인이 존재하는 것이다. 물론 단순히 복지의 대상자들을 줄이기 위한 접근이어서는 안 된다. 60세는 충분히 젊고 노동력이 부족한 현장을 숙련도 있는 분들이 채워줄 훌륭한 역할이기도 하다. 노동권을 보장해 소득의 기회를 얻는 것이 퇴물 취급해 집으로 쫓아버리는 현실보다는 훨씬 합리적이다. 고용보험과 연금 납부 기간 역시 더 연장되면 사회적 비용을 줄이면서 안정화를 꾀하는 효과를 기대해 볼수도 있다. 따라서 정년은 단계적으로 분야별, 업종별 계획을 세우고, 인구피라미드를 고려해 단계적으로 폐지하는 방향으로 나아가는 것이 바람직하다. 이때 일본의 계속 고용 제도를 참고해 은퇴 시기 높은 연봉을 받아 신규 채용에 부담을 느끼는 기업의 입장도 고려해 임금피크제 도입, 또는 기존 임금수준의 50~70% 수준의 타협이 필요하다.

북미지역을 여행할 때 영감을 주었던 또 다른 사례는 실버주택 또는 시니어하우징이다. 실버주택은 크게 두 가지 지점에서 다가왔는데 하나는 주택의 형태 즉 하드웨어적인 측면이고 다른 하나는 프로그램 다시 말해 소프트웨어적 측면이었다. 젊은 시절 넣었던 연금을 수령하거나 그렇지 못한 경우 일정액의 소득을 보장해주는 북미는 노인들의 연금수령액을 가지고 실버주택을 운영한다. 자기 집이 없거나 실버주택 입주를 희망하는 경우 들어와 이곳에서 방을 배정받고 커뮤니티 활동을 한다. 식사는 물론 주택을 운영하는 곳에서 준비한 교육 프로그램, 창업 프로그램, 봉사 프로그램 등등 갖가지 활동에 참여할 수 있다. 노후를 보내는 시간이 교류와 활력으로 채워지게 되는 것이다.

이러한 프로그램을 운영하면서 노인들은 사회적 퇴물이라는 인식보다는 더 나은 삶의 시간을 누리고 새로운 도전의 길에 나서기도 한다. 작가로, 기업가로, 마을 재생 활동가로, 청소년 진로 지도사 등 사람마다 가진 매력을 새로운 직업 또는 소득 활동으로 연결시키는 것이다. 이와 같은 프로그램을 운영하기 위해 공간의 구성은 우리의 아파트와는 다르다. 오히려 호텔과 비슷한 유형이다. 북미지역의 아파트는 가운데 콘퍼런스 홀, 공유공간 등 호텔의 모습과 닮아 있고 아파트에 사는 이들을 끊임없이 접촉되도록 유도하는 체계다. 융합과 창조가 일어나는 건축디자인이다. 반면 우리의 아파트는 단절이다. 익명성으로 간섭을 덜 받는다는 장점이 있지만 이는 거꾸로 고립이라는 단점을 만들어내기도 한다.

노인 1천만 명의 시대를 지나 머지않아 2천만 명의 시대로 가는 길목에서 지금의 아파트 건축을 돌아볼 필요가 있고, 개개인으로 흩어진 건축 유형이 아닌 하나의 커뮤니티 기능을 할 수 있고, 서로서로 돌보고 살필 수 있는 건축디자인도 필요해지는 시대가 아닌가 하는 생각이 든다. 거동이 불편해지는 비율이 높아지는 것을 고려해 계단을 없애고 벽에 손잡이를 달고 이동의 권리를 스스로도 누릴 수 있는 환경 조성은 필수이다. 노후 요양체계도 다시 살펴봐야 한다. 멀쩡한 어르신이 요양원으로 들어가면 생기를 잃고 갇힌 공간에서 숨을 쉴 뿐 삶의 의미를 빼앗는 결과가 초래되기도 한다. 모든 요양원이 그러한 것은 아니지만 인원수를 중심으로 보상체계가 올라가므로 노후의 안락한 삶 보장이라는 정책목표는 오간 데 없이 부정·비리로 점철된 사례도 적발된다. 지금이라도 주거 안정과 자아실현이라는 인간의 본능을 지키는 정책프로그램을 제대로 만들어보자.

나아가 인구의 자연 감소가 시작된 지금 우리는 죽음의 환경을 면밀히 살피고 조성하는데 정책적 관심을 기울여야 한다. 북미지역, 유럽지역 등지에서는 무의미한 연명치료를 중단할 수 있는 안락사가 합법화되고, 나아가 죽음을 스스로 선택할 수 있는 국가들도 등장하기 시작했다. 네덜란드, 벨기에, 스페인, 캐나다, 미국의 10개 이상의 주, 오스트리아, 호주, 뉴질랜드 등이 그렇고, 특히 스위스는 외국인에게도 조력사를 허용하는 나라다. 고독사를 비롯해 노인자살률이 10년이 넘게 1위인 나라에서 이 문제가 대대적으로 토론되지 않는 것도 의아하다. 연명치료 중단이라는 소극적

안락사에서 적극적 조력사까지 논의를 통해 법적, 문화적 필요한 부분들을 제도화하는 노력이 필요한 시대다. 죽음은 꼭 나쁜 것일까. 그래서 대화하길 꺼려야 하는가. 아니다. 죽음도 좋은 죽음이 있을 수 있고, 누구도 그 길을 피하지 못한다. 양지에서 죽음에 대한 더 많은 이야기가 오갈 수 있어야 한다.

다른 존재들과의 공존

아이들이 넘쳐나던 시절 그 옛날 시골도 북적이는 공간이었다. 교실이 학생 수에 비해 부족했던 이유도 있겠지만 전국이 콩나물이었고, 오전반 오후반을 나눈 적도 있었다. 그러나 시간이 흘러 이제는 폐교가 되면서 일종의 인구 댐 역할을 맡는 학교가 없는 상황은 아래로부터의 산업을 붕괴시키는 결과를 낳고 있다. 노인들과 빈집들만 남은 상황. 공장지대가 있는 산업단지나 농업 단지 쪽엔 외국인들이 자리를 대신하며 이색적 모습을 만들고 있고, 그나마 통폐합으로 존재를 이어나가는 학교와 마을들도 머지않아 축소과정을 거쳐 소멸에 다다르게 될 운명이다. 우린 어떤 준비를 해야 하는가.

우선 정치적으로는 다루기 어려울 테지만 정부도, 정당도 모두 '축소 국가에 대한 전략 대응 기구'를 만들어 효율적 퇴각전략을 수립해야만 한다. 지금처럼 모든 도시가 인구가 늘어나고 세수도 늘어나고, 그래서 거대한 건물들을 짓고 SOC 예산을 늘려 지역 발전을 꾀해야 한다는 실현 불가능한 장밋빛 도시계획으로는 예산 낭비와 시간을 허비할 가능성이 농후하다. 그 결과 미래세대가 감당할 재정 악화는 불을 보듯 뻔하다. 시대의 흐름이 어느 방향 인지를 가늠하고 그 속도를 그나마 줄여 연착륙하도록 하고 그 과정에서 피해를 보는 영역에서 충격을 줄이는 것이 핵심이다.

예컨대 지방대학은 속절없이 무너지게 되어 있다. 이미 폐교하는 대학이 속출하고 있고, 그나마 버티려고 하는 대학들은 구매력 있는 중국 학생들을 유치하느라 혈안이 되어 있고, 동남아 학생들은 비자를 받고 들어와 노동시장에 불법체류자가 되기도 한다. 최근 법무부는 계절 근로자의 수를 3배가량 증원했다. 5만 명 수준에서 16만 명 수준으로 늘어났다. 우리 식탁에 올라오는 생선류, 해산물 등과 농촌에서 재배되는 식자재들은 외국인들의 손을 거치지 않는 것이 없을 정도다. 현재 이루어지고 있는 외국인력의 공급은 우리도 망하지 않기 위한 고육지책이다. 이들조차 없으면 우리 삶의 중요한 축들이 무너지게 될 테니까 말이다.

그러나 이런 식의 땜질 방식을 계속 고수할지는 다른 문제다. 우리는 체계적 준비를 해야만 한다. 역사가 다르고, 문화가 다르고, 언어가 다르다. 본문에서 살폈던 대로 이들이 게토화되고 삶의 질이 한국인들과 다르게 설정된다면 위화감이 들고 2등 시민으로 전락한 삶을 살면 그들의 삶은 물론 한국인들의 삶도 안정화되기 어렵다. 아이들 간의 차별로 인해 인권 문제가 도처에서 발생할 수 있고, 잘못하면 또 다른 외교 문제로 비화할 소지도 있다. 사회 구성원으로 동등한 인정을 받지 못하고 경제적으로 하층민의 삶을 살아가게 된다면 그들을 보며 우리의 우월성을 확인할 수 있을지 모르겠지만 이것은 감정적으로도 바람직하지 않은 일이거니와 나아가 사회 치안의 불안으로 연결된다. 결국 모두의 안녕이 깨지는 상태가 된다.

내 아이의 건강을 원한다면 이웃집 아이의 건강도 지켜져야 한다. 내 아이의 안전을 보장하려면 이웃집 아이의 안전도 보장되어야 한다. 이것은 공존하려면 필수적인 수칙이다. 외국인들과 함께 살아가며 우리도 도움을 받고, 그들도 도움을 받고, 아니 아예 우리와 그들을 나누지 않고 같은 공간을 살아가는 이웃 시민, 동료 시민으로 공존할 방안은 무엇일까. 여기에 더해 우리와 그들이라는 구획뿐 아니라 그들과 그들끼리의 문제도 커질 우려가 있다. 예컨대 출신 국가가 다른 이들끼리는 갈등이 없을 것인가. 종교가 다를 경우에도 문제가 생기지 않을 것인가. 우리는 모르는 그들만의 세상에서 벌어지는 미묘한 차이들은 어떻게 녹여낼 수 있을 것인가. 참 쉽지 않은 문제다. 그래서 더더욱 준비해야만 한다.

세종학당의 기능과 역할을 대대적으로 키워 세종프로젝트를 확대해보면 어떨까. 현재는 한류라고 하는 흐름에서 한국어를 배우려는 외국인들이 많지만 이를 외국 현지에서부터 체계화하는 전략을 수립해야 한다. 이를테면 아시아 지역의 몇 개 나라를 특정해 전략 국가로 삼아 협약을 맺고, 초중고 과정에 한국어, 한국 문화, 한국 생활 등의 과목을 개설해 조금씩 우리와의 간극을 줄이는 것이다. 고교를 졸업할 즈음 한국으로 와서 취업을 해야겠다는 확신이 드는 청년들은 한국 노동의 기회를 주는 것이다. 나아가 지구 시대를 살며 나와 다름을 어떻게 대해야 하는지에 관한 내용도 필수다. 지금은 가장 기본인 언어조차 되지 않는 단순 노동력을 가진 이들을 데려오는 수준이지만 이렇게 몇 년을 더 간다면 본문에서 살펴본 스웨덴이나 독일 등지에서 일어나는 이민자와의 갈등, 이민자 간의 갈등이 커지게 될 것이다. 최근 아일랜드에서는 이민자가 저지른 범죄가 보도되면서 격렬한 시위가 일어나고 모든 이민자를 내쫓으라는 여론이 출렁이고 있는 것이 타국만의 이야기는 아니다.

또 생각해볼 것은 지방의 활력을 위해서도, 불법체류자를 막기 위해서도, 인력을 데려올 때 0~5세 아이가 있는 부부에게 한국에 올 수 있는 우선권을 주자. 그리고 일과 학습을 병행할 수 있는 코스를 개발하자. 한국으로 와 일만 하는 것이 아니라 일정한 프로그램을 의무적으로 자기 계발과 자기 능력을 키우는 환경을 지방대학이 조성해주는 것이다. 지방대학이 폐교되는 것을 막고 단순 노동력으로만 활용하는 것이 아니라 배움의 기회까지 주어지는 나라로 인식되게 하자는 것이다. 거꾸로 한국 학생들과 다른 아시아 국가를 시장으로 삼아 글로벌 창업의 기회도 기획해 볼 수 있다. 나아가 아이들과 함께 이주하면 아이들에 필요한 인프라들이 속절없이 무너지는 현상도 재고해 볼 수 있게 될 것이다.

위 제안의 요체는 이민자도, 이민을 받는 우리나라도 준비된 이민을 진행하자는 것이다. 우리나라만 쳐다볼 것이 아니라 아시아 전체를 쳐다보며 국가 간 좋은 감정들이 싹트게 만들고 경제시장을 공동 성장의 활로로 만들 방안으로까지 연계시켜내야 한다는 것이다. 한국은 기적적으로 한류라는 문화콘텐츠로 이미 사랑을 많이 받고 있다. 이것을 일시적으로 써먹고 버리는 것은 어리석은 일이다. 누군가가 누군가에 매력을 느끼거나 좋은 마음을 품는다는 것은 기적적인 일이다. 우리 역시 그 마음을 잘 받아안고 매력을 꾸준히 유지할 필요가 있다. 그런 점에서 우리 역시 다양한 사람들을 품기 위한 노력이 절실하다. 다양성 교육, 글로벌 공존 교육, 언어교육 등 미래 시대를 살기 위한 지구시민 교육 프로그램이 함께 설계되어야 실수와 실패, 갈등을 줄일 수 있다.

중동의 오일머니로 성장한 나라들은 외국인 노동 인력을 그야말로 2등 국민으로 전락시켰다. 삶의 질을 고민해 주지 않고 필요해서 온 이들이 감당하라는 투다. 이러한 대우로는 매력 국가로 발돋움할 수 없고 또 다른 문제들을 초래해 사회통합이 멀어지고 갈등 요소만 부각 될 것이다. 이민뿐 아니라 추후엔 난민도 적지 않은 문제로 등극하게 될 것이다. 난민은 경제적, 안보적 상황에서 주로 발생되지만 앞으로는 기후, 식량 등 여러 이유들로 인해 발생할 우려가 크다. 우리는 북이 막혀 삼면이 바다인 사실상의 섬나라여서 난민이 마구 들어올 수는 없다고 생각하는 경우가 있지만 실상은 그렇지 않다.

이미 단독 대륙으로 살아가는 호주를 보면 기후가 변함에 따라 해수면의 상승, 식량 생산 불능 등 갖가지 요소로 인해 주변국에서 난민이 생겨날 것을 시뮬레이션하고 있고, 특히 중위도 지방에 몰려 있는 동남아시아 지역의 난민 발생은 수백만 명에서 수천만 명까지 대상자가 늘어날 수 있다는 점에서 위협적이다. 난민은 생사가 달린 사람들의 움직임이므로 이들은 우리가 국제적으로 정한 룰대로 움직이지 않거나 못할 것이다. 수백만 명이 보트를 타고 호주, 싱가폴 등 주변 국가의 연안으로 들어온다고 생각해보라. 기후 위기는 단순한 환경문제가 아니라 안보 문제가 되어버린다. 그런 문제가 발생할 땐 어떤 대응을 해야 할까. 그중 수만 명이 보트를 타고 제주도나 목포 해안가로 들어온다면 우리는 어떻게 해야 하는가. 당연히 준비되어야 하는 지점이다.

♣

지구촌은 다르기도, 같기도 하다는 생각이 많이 들었다. 과거와는 다르게 뉴스를 통해 지구 반대편의 소식도 듣게 되고 서로 비교해보며 어떤 것이 더 나은지, 또 어떤 것은 반면교사로 삼으며 더 나은 쪽의 선택을 할 수 있다. 그러나 지구를 한 바퀴 돌고 난 소감은 어떤 나라도 완벽하지 못하다는 것이다. 장점이 있으면 단점이 있고, 강한 점이 있으면 약한 점이 있다. 사회문제 관련한 토론을 보면 주로 인용하는 수치는 OECD 수치다. 그리고 이 국가들이 어떤 정책들을 하고 있고, 그것이 좋은 점은 무엇이 있는지를 설명할 때 막연한 답답함이 있었다. 직접 가봤다고 모든 것을 알진 못하지만 깨달은 것이 하나 있다. 결국 같은 공간을 살아가는 사람들의 인식과 타협의 총합으로 사회가 만들어진다는 것. 인식의 변화만큼 사회가 변화한다는 것.

대한민국은 굴곡의 역사를 거쳐 비교적 괜찮은 수준의 경제력을 가진 나라에 도달했다. 완벽한 나라가 없는 것처럼 우리 역시 아직도 채워야 할 부분이 한두 개가 아니긴 하지만 말이다. 기존의 문제를 해결도 못 했는데, 또 다른 문제들이 부지기수로 달려들고 있는 현실이기도 하다. 사회 구성원들이 서로를 위해 조금씩 내어놓는 결정을 한다면 위기를 기회로 만들 수 있을 것이고, 자기 몫을 더 챙기려고 하면 혼란스러운 상황으로 가게 될 것이다. 도처에서 나타나고 있는 문제들은 혼자의 힘으로 또는 일방적 힘으로는 해결하기 어려운 것들이다. 힘을 합쳐야 하고 그 과정에서 누군가는 손해를 볼 위험도 있다. 그것을 최대한 질서 있게, 합리성을 잃지 않고, 구성원들의 동의 속에서 이뤄나가면 큰 갈등이 없이도 좋은 지점으로의 도달이 가능할 것이다.

'우리가 사는 대한민국을 어떤 나라로 만들고 싶은가.'

이 질문을 각자가 품어보고 나라면 이 문제를 어떻게 풀 것인가를 일상에서 고민해보자. 그런 고민을 하는 시민의 총합이 결국 '우리나라'를 결정한다.

분명한 것은 서로서로 돕기 위해 노력하면 우리가 원하는 미래에 도달할 가능성이 커진다.

무엇을 위한 삶인가

:

원고를 다시 정리하면서 여행 당시 찍었던 사진, 정리한 노트, 영상 등을 보았다. 참 꿈같은 시간을 보냈다는 생각이 들었다. 스위스 취리히를 탐구할 때였다. 당시의 주제는 실발트 수목원을 조성하고 가꾸는 것이 시민의 삶에 어떤 영향을 미치는 것이었는가였다. 쉼을 제공하고 맑은 공기를 마실 기회를 제공하는 녹지의 산실이었다. 시내에서 대략 12㎞ 정도 거리였던 것 같은데, 여비도 충분치 않은 상황이니 기차비 7천 원을 아낄 요량으로 걸어가기로 했다.

한참을 걸어가다 부슬부슬 비가 왔는데 갑자기 눈물이 쏟아지기 시작했다. 내가 왜 이 모양으로 살고 있는가. 서글펐다. 젊은 나이에 힐링을 하든 맛집을 가든 즐길 거리를 찾아 즐겨도 될법한데 난 왜 이리 고생스럽게 이런 것들을 탐구하고 있고, 또 이 탐구는 왜 해야겠다고 고집을 부리고 있는지에 대한 한탄이었다. 나도 날 제어할 수가 없었다. 그냥 이렇게 태어난 걸 어찌하리. 하고는 눈물을 흘리며 걸었다. 이날 도합 26㎞를 걸었고 나는 14,000원을 아낄 수 있었다.

이 책은 세계도시를 기록한 책이기도 하지만 이동학의 발품을 어지간히 팔아 만든 '이동학의 시선'이기도 하다. 고생스럽다는 표현을 넣었으나 내심 행복하지 않은 적이 없었다. 부잣집 아들과 삶을 바꾸라고 해도 바꿀 맘이 전혀 없는, 돈 주고 살 수도 없는 나만의 인생이라는 생각을 했다. 재밌고 의미 있고, 어쩌면 이렇게 살기란 너무나 어려운데 나는 그것을 하고 있다는 것 자체가 내 삶을 소중하게 만들어 주는 밑거름이었다. 한국에서 태어나 유복하진 않아도 밑바닥으로 떨어지지 않았고, 좌절하지 않았다. 전 세계 최고의 여권 파워를 만끽하며 세상을 돌 수 있었던 것 역시 행운에 가깝다.

한국에선 의무교육이 중학교까지지만 사실상 대학 교육까지를 포함하는 개념에 나도 충실했다. 더 넓은 시야, 더 많은 탐구심을 키울 수 있는 나라에 감사하다. 초등학교 6학년 때 아버지가 돌아가셨지만, 학비 지원이 됐고 아버지 없는 삶을 감당한 것에 대한 회한도 있지만 빈자리를 채워준 국가 공동체의 도움에도 늘 감사

함이 따랐다. 그래서 나도 무언가를 우리 사회에 갚아야만 한다는 생각이 늘 나를 지배했던 것 같다. 스위스에서의 눈물은 그런 배경이지 않았을까.

세상은 다채로웠다. 풀 한 포기를 보는 심정과 함께 최대한 지구 바깥에서 지구를 쳐다보려는 노력도 병행했다. 사람들은 농촌에서 도시로, 저소득 도시에서 고소득 도시로, 저소득 나라에서 고소득 나라로 끊임없이 이동했다. 더 나은 교육과 더 높은 부를 거머쥘 수 있기 때문이다. 그 결과 더 나은 미래에 살 기회가 주어진다. 예컨대 카자흐스탄에서의 한 달 월급은 한국의 1/10에 불과하다. 바꿔 말하면 한국에서의 1년은 카자흐스탄에서의 10년과도 같다.

거기서 거기. 사람 사는 세상이 얼마나 다를 수 있을까. 도시의 흥망성쇠와 함께 인간의 생로병사가 펼쳐진다. 달라진 것이 있다면 과거보다 덜 태어나며 좀 더 오래 살게 됐다는 것. 그 사이에서 건강하고 행복하게 자신의 꿈을 실현하며 살 수 있는가의 질문이 놓여 있다. 지구를 돌며 과거를 회상했고, 현재를 확인했다. 그리고 미래는 어떻게 될 것인가를 상상해 봤다. 이는 다른 의미로 내가 만들 수 있다면 어떤 미래를 만들고 싶은지에 대해 확인하는 시간이었다. 우리는 협력을 통해서만 공존할 수 있다는 믿음은 더 강해졌다. 나는 그 믿음을 갖고 내가 사는 동안은 최선을 다하며 살고 싶다.

♣

다시 한번 고맙습니다. 여행을 통해 많이 느끼고 배우고, 생각하며 한 뼘은 더 성장하는 저를 느꼈습니다. 여행할 때 도시를 탐구하고 끄적여 보낸 카톡 인사에 구독료라며 마음을 보내주신 분들께도, 여행경비를 좀 마련하겠다고 상품 가치가 있는지 없는지도 모를 지구촌 상품에 응원을 더해 구매해 주시고, 그냥 밥이라도 굶지 말라며 보내주신 정성이 지금의 결과물을 가능하게 만드는 힘이 아니었을까 생각합니다. 현지에서 잘 곳을 내어주고, 먹을 것을 주셨던 분들 역시 더할 나위 없이 아주 큰 힘이었습니다. 넉넉한 돈도 없이 배낭 하나 메고, 가진 것은 꿈과 비전, 호기심이 전부였는데, 용기를 더 얻는 시간을 보냈습니다. 사소함을 나누는 사람들이 없었다면 지금의 결과물은 나오기 어려웠을 겁니다. 저도 나누는 삶을 지속하겠습니다. 덕분입니다. 참 고맙습니다.

이 책은 한국일보에 21회 연재했던 글이 밑 작업이 되었습니다. 박상준 기자는 시애틀에서 만나 스타벅스 1호점에 데려가 커피를 사준 사람입니다. 연재를 할 때도 마감을 재촉하며 넉넉한 문장을 함께 검토해 주기도 했습니다. 다시 한번 고마움을 전합니다. 오도스 출판사의 김하늘 대표는 제 인생의 첫 책인《쓰레기책》을 작업해 주셨는데, 그 신뢰로 이번 책도 작업을 맡아주었습니다. 바쁘다는 핑계로 작업의 속도가 더뎠는데 묵묵히 기다려주고 이렇게 멋진 결과물로 만들어 주었습니다. 고맙습니다. 지구촌장에 임명해 주신 나의 어머니 정민희, 내 누나 이은서, 임명장 수여식에서 사회를 봐준 조카 하람이 늘 고마워요.

2년여 지구를 유랑했는데, 이 한 권으로 끝내겠습니까. 다음 책도 기대해주세요. 가장 고마운 분들은 독자 여러분들입니다.

．
．

이탄희 _제21대 국회의원

많은 사람들이 전 세계를 여행하길 원한다. 하지만 이를 실천하는 이는 소수
다. 가는 곳마다 현지인들을 직접 인터뷰하고 그를 통해 자신의 문제의식을
심화시킨 과정을 생생하게 남긴 이는 직업인을 제외하곤 많지 않다. 그 기
록만으로도 이 책은 우리에게 가성비 최고의 상품이다. 저자의 땀과 눈물을
상상하며 감탄했다. 특히 세계에서 초고령화와 초저출생이 가장 빨리 진행
중인 우리나라의 미래를 세계도시 곳곳의 상황을 통해 미리 생생하게 볼 수
있다. 대응책을 마련해야 하는 모든 이들의 필독서다.

김광석 _경제읽어주는남자, 한양대학교 겸임교수, 한국경제산업연구원 경제연구실장

보지 못했을지라도, 존재를 의심하지 않는다. 밍크고래도 코뿔소도 본 적은
없지만, 그 존재를 의심하지 않는다. 우리가 당면하게 될 미래의 문제도 마
찬가지다. 우리가 아직 직면해 보지 못했지만, 지구 어딘가에서는 이미 심
각한 현실문제로 일어나는 현상들이 있다. 어떤 현상들은 우리가 향후 당면
하게 될 미래이기도 하다. 기후재앙, 환경 위기, 도시소멸, 초고령사회 등 우
리가 당면할 미래의 문제를 이미 겪고 있는 나라와 도시로부터 먼저 경험
할 필요가 있다. 그 변화는 분명 찾아올 것이고, 우리는 '준비되어 있을 것인

가?' 아니면 '준비되어 있지 않을 것인가?'를 선택해야 하는 상황이다. 이 책은 우리가 머지않은 미래에 경험하게 될 문제들에 대해서 다른 나라에서의 경험과 대응을 고찰해볼 기회를 제공한다. 우리를 '준비되어 있게' 해줄 것이다.

김세연 _제18~20대 국회의원

이 책은 시공간을 넘나드는 입체 거울이다. 세계 곳곳에서 우리가 극복해온 과거, 나아가야 할 미래의 모습을 보여준다. 나 자신도 비추고, 우리나라도 비추고, 인류 전체도 비춰준다. 반성문이자, 자화상이자, 청사진이다. 다양한 국적의 친구들과의 진지하면서도 유쾌한 대화를 담은 여행담이자, 지나치기 쉬운 어느 작은 나라 시골 주민의 애환까지 녹아있는 현장학습 교재이자, 인류 미래에 대한 총체적 고민을 담은 에세이다. 좁은 한반도에 갇혀 서로를 향해 경멸과 분노를 쏟아내고 있는 우리 모습을 부끄럽게 만든다. 시대와 공간의 장벽을 뛰어넘어 세상을 바라보게 해준 저자 이동학의 용기와 혜안에 경의를 표하며, 그의 노력이 결실을 보기를 간절히 바라고 응원한다.

이양구 _전 우크라이나 대사

그를 처음 본 것은 내가 우크라이나 대사로 있던 2018년쯤이었다. 배낭 하나 달랑 메고 내 눈앞에 나타나서는 세계 많은 나라들의 도시갈등을 탐구한다고 했다. 초롱초롱한 눈빛을 가진 이 청년과 나는 밤을 지새우며 대한민국의 미래비전에 대해 깊은 이야기를 나누었다. 분단된 땅덩어리와 삼면이 바다인 나라에서 한계를 딛고 우리의 시야를 넓게 만드는 일은 꼭 필요한 일이다. 국제사회에서 좋은 이웃 국가들이 많아지는 것, 한류를 통해 한국을 사랑해주고, 또 배우기 위해 노력하는 지구촌의 흐름은 기적적으로 만들어진 선물임이 틀림없다. 이를 연기처럼 사라지게 할 것인지, 매력을 지속적으로 발산할 것인지는 우리의 선택과 노력에 달려 있다. 우크라이나전쟁, 중동전쟁 등 지정학이 요동치고 기후변화가 본격 진행되는 시대에 위기를 기회로 전환시켜 글로벌 코리아로 비상하기 위해 이제 더욱 글로벌 마인드와 역량으로 무장해야 할 때다. 이 책이 더 많은 젊은이들의 도전에 씨앗이 될 것임을 확신한다.

이호선 _숭실사이버대학 교수, 한국노인상담센터 센터장, 한국노년교육학회장

'노인지옥'이 다가오고 있다. 전 세계 순위에서 우리가 놓치지 않는 노인자살률 1위의 오명을 깔고 앉은 채 노인 1천만 시대를 맞이하고 있다. 저자는 일찌감치 우리가 맞닥트리게 될 불행한 미래를 내다보고 이에 대한 준비를 어떻게 해야 하는가를 탐구하기 위해 소중한 청춘을 녹여 지구를 누볐다. 이 책은 노인연령 연장, 은퇴와 노인빈곤, 끌어안는 복지의 지속가능성 등 꼬리를 무는 질문을 던지며 그 해결책을 고민해나간다. 지금부터 초고령 국가의 골짜기에서 태어난다는 것, 산다는 것, 죽음이라는 화두에 묵직한 질문을 던지는 저자의 소리에 귀를 기울여보라.

일리야 벨랴코프 _방송인, JTBC 비정상회담 출연, 수원대학교 교수

러시아의 시베리아 횡단열차를 타보고 싶은 한국인들을 많이 봤는데, 실제로 타본 사람은 그렇게 많지 않다. 세상을 누비면서 이동학 작가는 러시아를 가로지른 철도를 탔고, 거기서 느낀 점과 들었던 생각, 그가 했던 예리한 지적은 러시아에서 나고 자란 나에게도 신선하고 재미있었다. 여행을 무척 좋아하는 사람으로서 같은 마음을 공유하는 작가의 시선을 지지할 수밖에 없다. 우리는 여행을 떠나면서 우리와 다른 세상, 다른 사람들, 다른 삶을 볼 기대에 설렌다. 하지만 막상 가보면, 이 지구의 어떤 곳이든, 어떤 사람이든, 어떤 생활 방식이든, 다 비슷하다는 결론에 이르게 되는 것 같다. 지역마다

문화, 정치 및 경제 상황 등 각각의 특징이 있을 수 있으나 결과적으로 사람들은 같은 고민을 하고 같은 문제에 부딪히는 현상을 깨닫게 된다. 바로 그 순간에, 여행의 별미가 느껴진다고 생각한다. 여행의 가장 큰 매력이 아닐까 싶다. 여행이란 다름과 새로움을 발견하게 해주지만, 가장 크게 발견하게 해주는 것은 나 자신이라는 말이 떠오른다. 이렇게 크디큰 세상을 돌아다니면서 많은 걸 느꼈던 한 사람의 이야기, 독자 여러분도 읽으면서 비슷한 생각을 하게 될지도 모른다.

떠나는 도시 모이는 도시

초판 1쇄 발행 2024년 2월 15일

지은이 · 이동학

펴낸이 · 최현선

펴낸곳 · 오도스 | 출판등록 · 2019년 7월 5일 (제2019-000015호)
주소 · 경기도 시흥시 배곧 4로 32-28, 206호(그랜드프라자)

전화 · 070-7818-4108 | 팩스 · 031-624-3108
이메일 · odospub@daum.net (소중한 원고를 기다립니다)

ISBN 979-11-91552-28-7 (03300)

odos 지구를 살리는 책의 길, 오도스